그리스도를 닮고자 하는 **작은 생각**

그리스도를 닮고자 하는 **작은생각**

초판 1쇄 인쇄일 2004년 9월 11일
초판 1쇄 발행일 2004년 9월 16일

지은이 / 김 건
기획·제작 / 한솔아카데미
발행인 / 설영환
발행처 / 도서출판 생명의 샘
주소 / 서울시 송파구 삼전동 65번지
전화 / (02)419-1451
팩스 / (02)419-1452
등록 / 제22-657호(2001. 7. 31)

가격 8,000원

ISBN 89-86751-33-X 03230

*잘못된 책은 구입하신 서점에서 바꾸어 드립니다.

생명의샘

그리스도를 닮고자 하는 **작은 생각**

생명의샘

|목 차|

셋째, 이웃과 당신의 이야기 • 170

언제부터인가 스쳐지나가는 생각들이 있었습니다.

사람을 보면서... 그냥 보지 않고 만남을 생각했습니다. 우리가 살아가는 도시 여기저기를 보면서도 그 안에 있는 사람들을 생각했습니다.

그렇게 스쳐지나가는 생각이기에, 글을 쓰면서도 감히 '글을 짓는다...'는 말은 할 수 없었습니다. 스쳐지나가는 생각은 내가 만들어가는 게 아니라는 생각이 들었기 때문입니다. 어떤 분이 '글짓기'라는 말보다는 '글쓰기'라는 말이 훨씬 올바르다...는 얘기에 전적으로 동감하는 마음으로, 내게 「스쳐지나가는 생각들」을 글로 옮겨 쓰기 시작했습니다.

그때는, 간간이 느끼는 감동들이, 나 혼자만의 것인 줄만 알았습니다. 그러나 그건 나만의 것이 아니라는 생각이 들면서, 교우들과 나누기 시작했습니다. 혼자만 간직하기에는 아쉽다는 생각에, 교우들과 나누고 싶어 매주일 주보에 「나의 작은 생각」 이라고.., 제목도 없이 싣기 시작했습니다.

「작은 생각」, 그건 정말 작은 것입니다. 그러나 작다는 것은, 쓸데없다는 뜻이 아닙니다. 우리 삶이 소중하기도 하고..., 아름답기도 한 까닭은, 우리 삶의 여기 저기에 '작은 것들'이 감추어져 있기 때문입니다. 그래서 작은 것은 '힘'이라고 할 수 있습니다. 그리고 그것은 '생명'이며, 또 그것은 '소망'이라고 할 수 있습니다.

그러기에, 스쳐가는 생각들을 글로 옮겨쓰면서, 큰 것까지 생각하지는 않았습니다. 그저 「작은 생각들」의 소중함만을 생각하면서, 받은 것을 나누고 싶을 뿐입니다.

여기 있는 「나의 작은 생각들」은 '나만의 것'은 아닙니다. 제 아내와 아이들...; 우리 교우들...; 그리고 내가 몸담고 지내는 이곳 위니펙 사람들의 삶에 묻혀있던 향기들을 펴낸 것입니다. 그러기에 그들 모두에게 고마움을 표합니다. 그리고 무엇보다 이 「작은 생각」을 펴내어 나눌 수 있도록 용기를 주신 한병천 사장님께 더욱 고마움을 표하고 싶습니다.

'나는 작다...'고 생각하며 늘 '난 작아서 아무 것도 할 수 없다...'며 자주 넘어지는 제게 '너는 내것이라...' 말씀으로 용기를 주시고, 작은 것의 소중함을 나누게 하시는 나의 하나님께 더 큰 감사를 드리고 싶습니다.

2004년 9월에

1

첫째이야기 : 가족과 나의 이야기

'우리가 마땅히 빌 바를 알지 못하나 오직 성령이 말할 수 없는
탄식으로 우리를 위해 친히 간구하신다...' (로마서 8:26)

갈라디아서 2:20절 암송

말씀을 암송한다는 것은 참 중요하고도 신나는 일이다. 왜냐하면 거기서 얻는 유익함이 많기 때문이다. 신학교를 다닐 때, 성경시험을 앞두고 말씀을 암송할 때마다 느끼는 감격이란 무어라 말로 표현할 수 없을 만큼 내게는 소중한 시간들이었다. 그 가운데 한 말씀, 갈라디아서 2장 20절에 이러한 내용이 있다. "내가 그리스도와 함께 십자가에 못 박혔나니, 이제는 내가 산 것이 아니요 오직 내 안에 그리스도께서 사신 것이라. 이제 내가 육체 가운데 사는 것은, 나를 사랑하사 나를 위하여 자기 몸을 버리신 하나님의 아들을 믿는 믿음 안에서 사는 것이라."

자신, 그리스도와 함께 십자가에 못 박혔다는 사실을 얼마나 많이 이야기하고 고백하고 선포했는지 모른다. 그리고 그 말씀의 깊은 뜻을 묵상하며 즐기기도 했다. 그러나 그건 관념적인 감격이었고, 머리 속에만 머물러 있던 죽음이었다. 그 관념의 껍데기를 들추어내면, 나는 여전히 살아있었고, 나는 여전히 그리스도와 함께 죽지 않은 걸 발견하곤 한다. 머리로만 아는 예수, 머리로만 하는 순종, 머리로만의 헌신을 참 헌신으로 알고 있었다는 것이다.

돼지는 머리고기가 참 맛 있다. 그러나 내 머리는 억세고 뻣뻣해서 전혀 매력 없는 존재임에도 불구하고, 내 머리 큰 것만을 자랑하는 한심한 인생을 살아온 것이다. 그러면서 느끼는 것은, 나 스스로는 죽을 수 없다는 것이었다. 누군가 강제로 나를 죽음의 자리로 몰아가기에 어쩔 수 없이 죽어야 하고, 어쩔 수 없이 나를 포기해야만 하는 것이다. 그러기에 내가 주님을 따른다는 것은 순종이 아니라 복종 - 스스로 우러나서 따르는 것이 아니라 할 수 없어서 하는 것이란 뜻이다. 이제 나는 바란다. 억지로라도 나를 쳐서 복종시키는 주님의 손길을 느끼기를… 그래서 머리로만 그리스도를 따르지 않고, 가슴으로, 손과 발로 주님을 따르기를 소원한다.

불린 콩 얘기

뭔가 음식을 준비하기 위해서 콩을 불려야 할 때가 있다. 똑같은 색과 똑같은 모양의 콩을 물에 넣고 한참을 불린 후에 그 껍질을 벗기면, 대부분의 콩이 퉁퉁 불어서 껍질이 잘 벗겨진다. 그런데 전혀 불지 않아서 여전히 딱딱한 상태로 남아있는 콩도 더러 있다. 그런 것들은 골라내서 버릴 수밖에 없다. 아무리 귀한 음식을 준비하려고 해도, 불지 않은 콩은 쓸 수가 없기 때문이다.

보통사람들은 과학자도 아니고 식물학자도 아니기 때문에, 콩들이 물에 넣어도 불지 않은 이유를 모른다. 그냥 그들이 할 수 있는 것은 골라내서 버리는 것뿐이다. 사람이 그리스도를 영접한다는 것도 이와 같고, 그 결과도 이와 동일하다. 자신의 본래의 모습만을 고집하면서 변화되기를 거절하면, 그 사람의 껍질은 결코 벗겨질 수 없으며, 귀한 음식(일)을 위한 준비물이 될 수 없다. 자신의 고집, 자신의 버려야 할 옛 성품, 자신만을 생각하는 이기주의, 낮아질 줄 모르고 항상 교만한 모습의 껍질을 벗기 위해서는 예수 그리스도의 사랑의 고백 앞에 나를 벗어 던지는 것이다. 그것은 그분 예수를 나의 구주로 고백하는 것이며, 성령 하나님을 나의 삶에 초청하는 것이다.

조금씩 조금씩 불어나서 내가 소중하게 지니고 있던 것들, 그러나 하나님의 나라를 위해서는 전혀 쓸모없는 껍질들 (때로는 그냥 갖고 있고 싶은 세상을 향한 욕심들)을 벗어버릴 수 있다. 그렇다. 예수를 만나는 것 외에는 없다. 오늘도 예수께서는 내 마음을 두드리신다. 조용히 그분이 두드리는 소리에 귀를 기울여야겠다. "볼지어다. 내가 문밖에 서서 두드리노니, 누구든지 그 음성을 듣고 문을 열면, 내가 그에게로 들어가 그로 더불어 먹고 그는 나로 더불어 먹으리라."

그 약속이 내 삶 속에서 이루어질 것을 기대하면서...

인생의 목표

얼마 전에 우리 교회 고 전도사님 가족과 함께 차를 타고 가다가 겪은 일이다. 출발한지 얼마 되지 않아서 자동차 문이 저절로 잠기는 소리가 나는 것을 듣고서, 사모님께서 물었다. '무슨 소리인가요?' '문이 잠기는 소리입니다...'는 대답에, '좋은 차를 타면 좋다!'는 얘기를 했다. 그 '좋은 차를 타면 좋다'는 소리를 들으면서, 조금은 으쓱해졌고 괜히 기분이 좋았다. 그런데 그 소리에 신경을 쓰다가 빨간 신호등을 보지 못한 채로 그냥 지나치고 말았다. 마침 다른 차들이 없었기에 다행이었지, 그렇지 않았다면 사고가 났을 것이고, 나는 물론이고, 함께 타고 있던 다른 사람들까지도 다쳤을 것이다. '차가 좋다'는 소리를 들으면서, 비록 순간적이긴 하지만, 비행기를 탔던 모양이다. 비행기를 타고 보니, 지금 내가 운전하고 있다는 것도 잊어버리고, 어디로 가야 되는지도 잊어버렸던 것이다.

'어디로 가고 있는가? 지금 무엇을 해야 하는가?' 주변 문제에 정신을 팔다보면, 자신의 목적지도 잊어버리고, 그 목적지에 도달하기 위해서「지금 무엇을 해야 하는지」도 잊어버리기 쉽다. 그뿐 아니라, 함께 동행 하는 가족이나 친지, 그리고 이웃사람들에게까지 고통을 줄 수 있다.

사람들의 격려와 칭찬이 필요 없다는 게 아니다. 그것은 인생을 살아가는데 활력소가 되는 것이며, 더운 여름철에 시원한 냉수 같이 갈증을 해소시켜주는 것임에 틀림없다. 그러나 그것은 결코 부지런히 달려가는 사람을 취하라고 주는 술은 아니다. 술에 취하면 음주운전(Drunken Driving)을 할 수밖에 없다.

1999년의 첫째 주일이다. 올해는 목표를 분명히 보고 달렸으면 한다. 나 자신의 목표, 내 가정이 세운 계획, 인간관계에서 이루고 싶은 것들, 그리고 내가 섬기는 교회의 목표를 잊어버리지 말아야겠다. 주변 사람들의 비난의 소음공해에도 귀를 기울이지 말아야겠다. 주님의 신호들을 바라보면서 갈 길을 잊지 말아야겠다. 갈팡질팡하지도 말고, 그 소리에 취해서 '음주운전'을 하며 신호등을 지나치지 말아야 할 것이다. 이제 고지가 멀지 않다. 우리의 땀을 닦아주는 주님의 사랑의 손길이 바로 거기에 있다.

잡초 감추기

지난주간에 사택 뒤뜰에 있는 밭의 잡초를 뽑아주었다. 쉽게 뽑을 수 없어서, 삽으로 땅을 갈아엎고, 호미로 흙을 잘게 부스러뜨린 뒤에 깊은 뿌리들을 뽑아내고, 또 땅을 고르게 갈아서 평평하게 하였다. 김을 매다가 점심을 먹고 다시 하려고 하는데, 아이들이 김을 매겠다고 나섰다. 기대 반, 내가 쉬고 싶은 마음 반으로 아이들에게 맡겼는데, 나중에 보니, 땅 위로 잡초가 하나도 보이지 않게 예쁘게 갈아져 있었다. '참 잘 했다'라고 생각하면서, 그래도 혹시나 하고 호미로 땅을 뒤집어 보았더니, 땅속에 잡초 뿌리들이 뒤엉킨 채로 여기저기 숨겨져 있었다. 다시 쭈그리고 앉아서 남아있는 뿌리들을 캐기 시작했다. 그것이 처음에 캐냈던 뿌리들보다 더 많았다. 겉으로 보기에는 잡초도 보이지 않았고 밭도 잘 갈아진 것 같았다. 잘 정돈되어 있어서 거기에 씨앗을 뿌리기만 하면 될 것처럼 보였다. 그러나 호미로 속을 들추어보니, 그 밭은 아직도 씨를 뿌릴 수 없는 밭이었다. 아직도 호미가 깊이 기

 그리스도를 닮고자 하는 작은생각

경해야만 제 구실을 할 수 있는 밭이었다(호세아 10:12).

우리 인생도 이와 같을 때가 많다. 누구나 복 받기를 원한다. 누구나 복을 간구하고 자신을 위해 복을 빌어주기를 원한다. 그런데 그렇게 소원하는 복을 누구나 누리는 것은 아니다. 물론 그 복의 기준이 어디에 있는가에 따라 다르겠지만 말이다. 그 이유는 무엇일까?

준비되지 않았기 때문이다. 겉으로 보기에는 잘 준비된 것 같이 보인다. 자신이 보기에도 그렇고, 타인이 보기에도 그럴듯한 신앙인이라고 생각한다. 그러나 제거되지 않은 잡초뿌리가 그 안에 남아 있어서, 하나님은 복의 씨앗 파종시기를 늦추신다. 세상의 염려와 재리의 유혹이라는 가시덤불이 축복의 열매의 성장을 가로막을 것이기 때문이다(마가복음 4장).

그렇다면, 왜 우리는 그런 잡초를 뽑아내지 못하는가? 그것이 올바르지 않다는 것을 알면서도 그냥 숨겨두는 까닭이 무엇인가? 그것을 뽑아내는 일이 쉽지 않기 때문이다. 하나님이 크게 축복하지 않아도 그런 대로 살 수 있다는 생각 때문이다. 그러나 진정 하나님의 축복을 원한다면, 내 속에 숨어 있는 잡초를 뽑아내야 할 것이다. 비록 마음이 상하고, 자존심 상한다 할지라도, 정말 하나님의 축복이 내게 임하고 우리 교회에 임하기를 바란다면 말이다.

조금 힘들더라도 내 안에 있는 잡초를 먼저 뽑아내야겠다.

꿈이 있고, 그 꿈이 이루어지는 터전을 만들기 위해서 먼저 땀을 흘려야겠다.

자동차 연비

요즘 자동차 연료비가 많이 올라서인지 운전할 때마다 자동차 연비를 생각하지 않을 수 없다. 자동차 연비는 고속도로를 달리는 것이 시내에서 운행하는 것보다 훨씬 높다고 한다. 고속도로에서는 똑같은 양의 연료를 넣고 더 먼 거리를 갈 수 있다. 그것은 상식이다. 시내에서는 자주 신호등에서 멈추었다가 출발하곤 하지만, 고속도로에서는 신호등에서 멈추는 일은 거의 없기 때문이다. 다시 말해서 고속도로를 달리는 차는 달리던 탄력 때문에 연료가 적게 소모된다는 것이다. 그만큼 한번 시작한 일을 중도에 멈추지 않고 계속한다는 것은 여러모로 유익하다는 말이다. 100m 경주에서 출발 시에 1초를 잡아먹고 골인지점에서 1초를 잡아먹는다고 하는 것도, 탄력과 관련 된 얘기일 것이다.

지난 4월 30일에 급성 맹장으로 수술을 받고 한 주일을 입원해 있다가 퇴원한 후에 받았던 느낌이다. 마치 신호등에 멈추었다가 다시 출발하는 것과 같다는 느낌이라고 할까? 좌우간 그런 감이 있었다. 설교 준비를 하는 것도 그렇고, 집안일을 하는 것도 그랬다. 나의 신분(목사)이나 책임(목회자, 설교자)은 이전과 다를 바 없었다. 그러나 중간에 한번 멈추었기 때문에, 남들은 저 멀리 달려가고 나만, 다시 신발 끈을 조이고 출발해야하는 선수 같은 느낌이 들었다는 말이다. 탄력이 줄었으니, 이전에 달리던 탄력을 되찾아 정상궤도에 오르려면 시간도 더 걸릴 것이다. 힘도 더 들 것이다. 신경도 더 써야 할 것이다.

인생을 살아가면서 우리와 이런저런 모양으로 관계를 맺고 살아가는 이들 가운데는 중간에 잠시 멈추었다가 다시 달리는 사람들이 있다. 거기에는 타

 그리스도를 닮고자 하는 작은생각

당한 이유를 붙일 수도 있고 그렇지 못할 수도 있다. 그 이유가 무엇이든, 그들에게 "왜 이전처럼 달리지를 못하느냐...?"고 핀잔해서는 안된다. "왜 나처럼 힘차게 달리지 못하느냐...?"고 비웃어도 안된다. 지금 그는 신발 끈을 동여매고 있을지도 모르기 때문이다. 다시 정상적인 신앙궤도에 올라서려면 아직은 시간이 걸리기 때문이다. 그때까지는 기다려 주어야 한다. 그때까지는 양보하면서, 격려하면서 기다려 주어야 한다. 우리 자신도 때로는 잠시 멈추어 설 때가 있음을 잊지 말아야 할 것이다. 이제 몸을 추스리면서 다시 힘차게 달려가려 한다. 우리 교우들의 따뜻한 기도를 부탁하고 싶다.

손톱 발톱 다듬기

손톱이나 발톱은 자주 깎아주지 않으면 보기에도 좋지 않고, 건강에도 좋지 않다. 또 자칫하면 찢어져서 낭패를 당할 수도 있다. 그렇지만 적당한 길이의 손톱과 발톱은 보기에도 좋지만, 자칫 상하기 쉬운 우리의 신체를 보호해 주는 역할을 한다.

그냥 내버려 두면 보기 싫고 건강에도 좋지 않고, 잘 관리하면 보기에도 좋고 건강에도 좋고 제 역할을 하는 것은 비단 손톱이나 발톱만이 아니다. 세상의 모든 일이 그렇다. 그리스도인이기 이전에, 한 사람으로서의 역할도 그렇다. 아이를 키우는 것이 그렇고 목회를 한다는 것도 그렇다. 문제는 손톱이나 발톱은 자르면 자르는 대로 모양이 나는데, 사람은 그렇지 않다는 것이다. 힘으로 누를 수도 없고, 힘으로 누른다고 해도 듣지 않는다. 따뜻하게 해야 할 때가 있는가 하면, 채찍질을 해야 할 때도 있다. 그런데 언제 그래야 하는지 「그 시기」를 잘 알 수 없다는 점에서 사람을 키우는 것이 가장 힘든 일이라고 하는 것이다.

그것이 쉽지 않기에 아무나 그 일을 할 수 없고, 아무나 그 일을 하지도 않는다. 쉽게 그 일을 맡으려고도 하지 않는다. 무엇이든 책임을 진다는 것은 그만큼 어렵다는 것이다. 그건 나도 예외는 아니다. 자주 벗어나고 싶고, 털어 버리고 싶고, 외면해버리고픈 생각이 들곤 한다. 그러나 이젠 다듬어야 할 때가 되었다. 너무 자주 다듬으면 그 본래의 기능을 잃겠지만, 적당한 때에는 다듬어야만 한다.

먼저는 나 자신의 생활을 다듬어야겠다. 개인적인 영적 성숙을 도모해야 겠다는 말이다. 주님과 깊은 만남이 소홀해지면서 내가 맡은 일을 소홀히 하게 된다. 내가 맡은 목회현장을 다듬어야겠다. 긴 손톱을 예쁘게 잘라주어 야겠다. 그렇지 않으면 본인도 다치고 곁에 있는 형제도 다치기 때문이다. 짐승들의 발톱은 공격을 위한 것이지만, 사람의 손발톱은 자기 보호를 위한 것이기 때문이다. 이젠 다시 시작하는 마음으로 다듬어야 하겠다. 건강한 신앙인, 건강한 교회됨을 위해서 말이다.

닥치면 다 한다고

엊그제 유니온스테이션(위니펙 기차역)에 볼일이 있어 멀리 Forks(위니펙 의 명소 가운데 하나)에 차를 주차했다. 스테이션에 갈 때는 별로 급하지 않

 그리스도를 닮고자 하는 작은생각

아 평상시 걷는 속도로 가서 일을 보았다. 그러나 돌아오는 길에는 아이들을 데리러 가는 일이 급해서 계속 뛸 수밖에 없었다. 계속 주차한 곳으로 뛰어가면서 숨이 턱에 닿아 헉헉거리지 않을 수 없었고, 입에서는 단내가 날 정도로 힘이 들었다. '이제 40대 중반밖에 안되었는데 이 정도인가?' 하는 생각과 함께 평소에 운동이 얼마나 부족한지를 확실하게 깨달을 수 있었다. 얼마 되지 않는 거리였는데도 그렇게 헉헉거리니, 아주 먼 거리를 뛴다는 것은 생각할 수도 없는 일이다.

언젠가 어떤 사람에게 '평소에 훈련되지 않았는데 어떻게 하려고 하느냐?'는 잔소리를 했더니 '닥치면 다 하기 마련이다'라는 답을 들은 적이 있다. 물론 닥치면 하게 되어 있다. 또 할 수도 있을 것이다. 그러나 얼마나 효과적으로 하느냐...; 얼마나 말끔하게 일을 처리하느냐...; 그 성과가 어느 정도가 되느냐... 하는 것이 문제가 되곤 한다. 사람이 훈련을 받고 준비한다는 것은, 닥치면 할 수 없기 때문이 아니다. 제대로 하기 위해서 훈련받는 것이요, 실패하지 않고 성공적으로 일을 마무리 짓기 위해서, 혹은 좋은 성적을 거두기 위해서 준비하는 것이다.

신앙생활도 마찬가지다. 우리 인생에는 닥치면 할 수 있는 일들이 많다. 그러나 기도훈련 없이 제대로 기도 할 수 없고, 말씀의 훈련 없이 제대로 말씀을 전할 수 없다. 모여서 사랑하는 훈련하지 않고 제대로 사랑할 수 없고, 이웃을 축복하는 준비 없이 제대로 축복할 수 없다. 복의 근원의 역할을 하기 위해서는 하나님을 만나고, 하나님께서 주시는 복된 삶을 경험해야만 한다. 「닥치면 다 한다...」는 말이나, 훈련의 불필요성을 얘기하는 사람이 있다면, 그건 예수께서 제자들을 불러 3년간 가르치신 일 자체를 가볍게 보는 것이다. 주님의 생각보다 자신의 생각이 우월하다고 주장하는 것이다.

조금만 뛰어도 입에서 단내가 난다. 숨이 턱에 닿곤 한다. 그래서 제대로 달리기가 어렵다. 건강한 신체를 위해 달리기를 시작해야겠다. 그리고 영적 훈련도 아울러...

변치 않는 예수 이름

이곳 캐나다 비행 승무원들의 안내방송은 반드시 영어와 불란서말로 하게 되어 있다. 내 경우, 영어로 하는 말은 알아듣지만, 불어로 하는 말은 전혀 알아들을 수가 없다. 물론 불어가 아닌 또 다른 나랏말로 해도 알아듣지 못하는 것은 매한가지이겠지만, 그런데 그렇게 복잡한 불어 가운데 간간이 알아들을 수 있는 단어가 있다. 그건 지명(地名)이나 인명(人名)과 같은 고유명사들이다. 지명이나 인명을 알아들을 수 있는 이유는, 사람들은 그것들을 지명이나 인명의 있는 그대로 소리 내어 말하기 때문이다. 동서고금 어디를 가도, 같은 언어나 문자를 사용하는 곳은 그리 많지 않고, 자유롭게 의사소통을 할 수 있는 곳 또한 많지 않다.

「한인연합교회」는 「Korean United Church」라고 해야만 이곳 사람들은 이해한다. 「밥」은 「rice」라고 해야 한다. 그러나 「위니펙」이란 지명은 영어로 「Winnipeg」이라고 써도 소리 나는 대로 읽어보면 「위니펙...」이 된다. 따라서 비록 알아듣지 못한다고 해도, 목적지를 알지 못하는 경우는 거의 없게 되는 것이다.

우리 믿음의 문제를 생각해 보자. 성경을 읽고 연구하고 우리 삶에 적용하는 것은 중요한 일이다. 그러나 성경 내용을 알지 못한다고 해도, 성경퀴즈 대회에서 좋은 점수를 얻지 못한다고 해도, 성경의 어려운 문제를 가지고 토론은 못한다고 해도, 중요한 것은 우리에게는 변치 않는 예수 그분의 이름이 있다는 것이다. 십자가에 달렸던 두 강도 중의 하나는 숨을 거두기 전에 예수님에게 부탁을 했다. '주 예수여, 당신의 나라가 임할 때 저를 기억해 주십시오.' 그는 예수를 따라다니던 제자가 아니었다. 그는 예수 이름으로 능력을 행한 적도 없었다. 혹시 예수에 관한 소문을 들었을 수는 있을지라도, 예수를 잘 안다고 얘기할 수도 없던 사람이었다. 그러나 그는 죽는 그 순간에 예수에 대한 짧은 지식으로 예수에게 자신을 맡겼다.

어느 유명한 신학자가 「하나님은...」이란 말을 주어로 문장을 시작한 후에 200페이지에 달하는 문장으로 하나님을 설명했다고 한다. 나는 신학을 하고 목사가 되어 설교를 하고 성경을 가르치지만, 내가 솔직하게 할 수 있는 고백은 "나는 아직도 잘 모른다"는 것이다. 이런 고백은 내 평생 계속될 것이다. 마지막 가쁜 숨을 몰아쉬면서도 할 수 있는 말은, "주님, 난 주님을 잘 모릅니다. 그러나 주 예수의 변치 않는 이름을 의지하오니, 주의 나라가 임할 때 나를 기억해 주소서..."일 것이다. 그리고 오늘도 그렇게 겸손한 고백을 드리면서 그분 앞에 나아가고 싶다.

최선을 다한다는 것은

우리 교회 오재기 장로님 딸 오미라 양은 안과 전문의이다. 장로님 부부는 딸을 위해 기도할 때마다 환자를 성심껏 치료하는 의사, 실수하지 않는 의사의 길을 간구하곤 한다. 그러나 그건 부모의 기도만으로 이루어지는 것은 아니다. 즉 강단에 엎드려 드리는 기도의 형식만 갖춘다고 되는 게 아니라는 말이다. 환자를 진료하는 의사 자신의 마음가짐과 행동이 또 다른 모습의 기도로 묶여져야 그 기도는 응답되는 것이다. 오미라 양은 안과 의사로서 실수하지 않고 성심 성의껏 환자를 돌보기 위해서 자신이 좋아하던 커피를 끊었다고 했다. 커피를 마시면 손이 떨릴 수가 있고, 그건 환자를 진료하고 치료하는데 치명적일 수 있다는 생각에서였다고 했다. 또 섬세한 수술을 위해서 붓글씨를 배우기 시작했다는 말도 들었다. 여기에서 태어나 여기에서 자란 이민 2세로서는 쉽지 않은 일인데!

인생을 살아가면서 자신의 일에 최선을 다한다는 것은 의사에게만 해당되는 것은 아니다. 주방의 요리사 ; 버스운전사 ; 학생을 가르치는 교사 ; 정치가 ; 가정 주부... - 어떤 분야에서 어떤 종류의 일을 하든지 최선을 다해야 한다. 그런데 우리는 종종 최선을 다한다는 것을 관념적으로만 받아들이곤 한다. 기도하는 시간에만 최선을 다하는 관념만의 최선..., 행동과 결단이 뒤따르지 않는 최선은 최선도 아니고 그렇다고 차선(次善)도 아니다. 기도하면서도 자신이 좋아하는 것을 끊어 버릴 수 있는 결단과 행동이 뒷받침되어야 한다는 말이다.

나도 커피(혹은 내 사역을 흔들리게 할 수 있는 것들)를 끊어버려야 함을 안다. 마시다 마시다 결국은 속이 아파서 어쩔 수 없는 식으로 끊는 것이 아니라, 속이 아프지 않은데도, 마시면서 기분이 좋고, 커피를 즐길 수 있는데도 끊어버리는 것과 같은 것 말이다. 최선을 다한다는 것은 바로 그렇게 나서는 것이다. 그렇게 최선을 다하는 사람으로 우뚝 서서, 나의 맡은 바 일을 아름답게 만들어가고 싶다.

빨간 베개 파란 베개

우리 아이들은 잠자리에 들기 전에는 으레 베개 다툼을 하곤 한다. 빨간 베개, 파란 베개를 서로 갖겠다고 우기면서 쓸데없이(내가 보기에는 분명히 그렇다) 시간을 허비한다. 아이들이 잠이든 후에 그 방에 들어가 보면 언제 서로 좋은 베개를 갖겠다고 싸움을 했는지 모르게, 둘 다 베개를 멀리 던져버리고, 베개와는 상관없이 머리를 맞대고 잠을 잔다.

이 땅을 살아가면서 빨간 베개 파란 베개를 서로 갖겠다고, 남보다 더 큰 베개를 갖겠다고, 남보다 더 예쁜 베개를 갖겠다고, 그리고 남보다 깨끗한 베개를 갖겠다고 싸우는 영적 아이들을 볼 수 있다. 그 영적 어린아이 속에 포함되어 있는 나 자신... 결코 누구를 탓할 자격이 없는 또 하나의 영적 갓난아기인가 보다.

햄스터와 아이들

아이들이 성화로 작은 햄스터 한 마리를 사다 기르기로 했다. 햄스터를 사면서 아이들과 철석같은 약속을 했다. 그건 '아이들이 먹이도 주고, 물도 주고, 청소도 해주면서 잘 돌보겠다.'는 약속이었다. 그리고 '반드시 그렇게 하겠다.'는 다짐도 받았다. 처음 얼마 동안은 열심히 돌보는 것 같더니, 차츰 그 열의가 식어버리고 말았다. 이번 주간에는 가족들이 함께 캠핑을 가게 되었는데, 즐겁게 캠핑 준비를 하면서도 햄스터에 대한 애기는 한마디도 하지 않았다. '엄마 아빠가 당연히 알아서 해 주겠지!?'라는 생각 때문이었을 것이다. 아니, 어쩜 그 생각조차 못했을 수도 있다. 그래도 부모가 알아서 해 주어야 한다.

부모가 된다는 것은, 자식을 낳는 것으로 시작되지만, 참으로 부모가 된다는 것은, 그 낳은 자식들을 돌보는데서 완성되는 것이기 때문이다. 하나님의 돌보심도 그렇다. 아직도 신앙이 어린 나, 그리고 우리들 – 모두가 완벽해서 살아가는 것은 아니다. 우리가 미처 생각하지 못하는 부분들이 있다. 그건 우리 인생에서 결코 작은 부분이 아니다. 우리가 미처 생각하지 못하는 그 부분...; 우리가 쉽게 잊어버리는 그 부분...; 우리가 가볍게 여기는 그 하찮은 부분까지를 간섭해 주신다.

그래서 오늘도 나는(우리는) 이렇게 살아가는가 보다.

 그리스도를 닮고자 하는 작은생각

어버지 사랑

지난 수요일 치과에 가서, 아이들의 이를 뽑았다. 한 아이는 네 개를, 그리고 다른 아이는 세 개를 뽑았다. 아파도 참아야 한다고 다짐도 하고 어르기도 했지만 마음이 놓이지 않아서, 또 아이들의 청에 못 이겨서 곁에 서 있었다. 마취를 할 때 잘 참아내는 것을 보면서, 아이들이 약속을 지켜주는 게 고마웠다. 그런데 이를 뽑는데, 피 묻은 이빨이 하나씩 나오는 것을 보니 가슴이 두근거리기 시작했다. 마취를 해서 별 통증이 없었겠지만, 나는 차마 그것을 바라볼 수 없었다. 그래서 '아빠가 아직 곁에 있다는 표식'으로 헛기침을 하면서 고개를 돌리고 말았다. 내가 치과에 누워 이를 뽑을 때는 느끼지 못하던 감정을, 아이들이 이를 뺄 때는 느끼면서, 이것이 부모의 마음이란 생각이 들었다. 내가 아프고 배고픈 것은 견딜 수 있다. 그러나 자식들이 아파하고 배고파하는 것은 차마 볼 수 없는 것이다.

그러면서 눈시울이 뜨거워졌다. 「하나님께서는 얼마나 견디기 어려우셨을까?」하는 생각 때문이었다. 사랑하는 아들을 세상으로 보내셨고, 사람들에게 손가락질과 비웃음을 당하셨고, 제자들에게마저 배신을 당하도록 허락하실 때, 하나님은 얼마나 아프셨을까? 오죽하면 주님은 십자가 위에서 부르짖으셨을까? "엘리 엘리 라마 사박다니 – 나의 하나님 나의 하나님 어찌하여 나를 버리시나이까!" 하나님은 죄를 미워하시기에, 그 미워하시는 세상의 죄(나의 죄)를 가득 짊어지신 사랑하는 주님을 차마 볼 수 없어서 고개를 돌리셨던 것이다. 그렇게까지 우리를 사랑하시는 하나님, 그러기에 그가 보내신 예수 그리스도를 믿지 않는 것은 하나님의 사랑에 대한 정면도전이 되는 것이다. 이유야 어찌되었든 간에 말이다!

오늘이 사순절 몇 번째 주일이던가? 이미 사순절이 시작된 지 오래건만, 무감각하게 이 시절을 보내지는 않는가? 내 십자가도 지지 않고, 자기 자신을 부인하지도 않고, 그저 감각이 죽어버린 사람처럼 지내다가, 주님의 부활을 놓치는 것은 아닐까? 다시 눈을 들어보자. 다시 귀를 기울이자. 십자가에서 흐르는 주님의 피에 우리들의 모든 죄를 씻어버리자. '나의 하나님 나의 하나님 어찌하여 나를 버리시나이까!' 라는 주님의 음성이 헛되지 않도록, 하나님의 초대장을 받아들이자. 내 자식이 귀한 것처럼, 하나님의 사랑하는 아들을 포기하면서 만든 그 초대장을 받아들이자.

작은 아들의 생일에

오늘(10월 19일)은 내 작은 아들 생일이다. 며칠 전부터 자기 생일이 며칠 남지 않았다는 것을 여러 모양으로 암시하는 것이, 뭔가를 바라는 듯한 느낌인 줄을 알면서도, 어쩌다 보니 오늘 아침에는 그 사실을 까맣게 잊어버리고 말았다. 그래서 「아빠가 뭘 해줄까? 기도는 어떻게 할까?」 한 마디도 물어보지 않은 채로 보냈다. 그런데 아침부터 아들이 '틱탁'거리는 것이 영 심기가 불편한 것 같았다. 나중에 집사람을 통해 광한이 생일이라는 말을 듣고 난 후에, '그래서 오늘 아침부터 기분이 별로 좋지 않았구나...!' 하는 생각이 들었다. 그리고 '어떻게 마음을 달래주어야 하나...?' 하는 고민 아닌 고민을 했다.

사실은 이미 지나간 여름에 「생일을 가불해서 선물을 사 주는 게 어떻겠느냐?」 는 요청을 받고 그렇게 해 주었기 때문에, 그냥 지나치려고 했던 것이다. 그런데도, '뭔가 해 주어야 되지 않을까... 하는 생각으로 뒤가 구린 것' 같은 느낌이 들었다. 아들의 눈치를 보면서...!

아들 생일에는 이렇게 신경을 쓰고 눈치를 보면서, 주님의 날 – 주일(주께서 부활하심을 기억하면서 초대교회가 모였던 날, 어쩌면 주님의 진짜 생일이라고 할 수 있는 날이다)에 주님의 기분을 맞추는 일에는 거의 신경을 쓰지 않고 지내는 것은 무엇을 뜻하는가? 내가 드리는 예배는 형식적으로만 「신령과 진정」은 아닌가? 매주일 그 앞에 초대 받아 간다는 생각으로 설레기보다는 억지로 가곤 하는 것은 아닌가? 주님의 생일을 위한 준비 – 생일케이크, 생일축하 노래, 손님을 초대하는 일들에 민감하지 못한 나의 모습은, 오늘 우리 그리스도인의 모습의 표본이 아닌가?

그럼에도 우리 주님은 한번도 언짢은 기색을 보이지 않으셨다. 불평도 없었고, 원망도 없었다. 다 갈아치우겠다는 경고도 하지 않으신다. 우리 주님은 배알도 없으신가? 신자들이 가지고 있는 가정 전형적인 특징은 자존심 내세우기인데, 신자들의 주인(主人)께서는 그것을 버리셨는가? 아닐 게다. 결코 그렇지는 않을 게다. 자신의 날을 소홀히 여겨도 참고 계신 것은, 아직 어린 우리들이 어른이 될 것을 알기 때문이다. 철이 들어서, 주님을 제대로 높이는 날이 올 것을 알기에 기다리고 계신 것이다.

이젠 주님의 기분을 살피는 교인이 되고 싶다.

그리고 주님의 기분을 생각하면서 가족들을 생각하고 이웃을 생각하는 신자가 되고 싶다.

주일을 흐린 날로 만들지 않는 교인..., 가정의 일기예보를 맑고 청명한 날로 만들어 가는 아빠가 되고 싶고, 주님의 사람이 되고 싶다. 나 하나만이라도, 주님의 날을 주님의 날답게 기억하고 사는 진정한 교인이 되고 싶다.

더 뜨거움으로 맞서야

한동안 위니펙이 아닌 것처럼 날씨가 계속 따뜻하더니, 제 버릇 누구(?) 못 준다고 위니펙의 전형적인 겨울 날씨가 옷깃을 여미게 한다. 우리 위니펙은 대중교통수단이 발달하지 않아서 자기 차를 타고 다닐 때가 많다. 그럴 경우, 엔진을 미리 따뜻하게 해놓아야 따뜻한 상태로 목적지까지 갈 수 있다. 그때는 주로 히터바람이 운전자와 그 뒤에 타고 있는 사람들을 향해 나오도록 조절하곤 한다. 기온이 그리 내려가지 않을 때는 그런 대로 운전하는데 불편이 없지만, 기온이 많이 내려가는 경우에는 조금만 가도 앞 유리창과 옆 유리창에 김이 서려서 시야를 가리곤 한다. 앞을 볼 수 없고 옆을 볼 수 없으니, 안전운행을 할 수 없다. 내가 면허증이 있고, 운전경력이 몇 년이 되고, 좋은 차를 타고 있고, 도로의 사정이 괜찮고, 하는 것과는 상관없다. 히터바람의 방향을 바꿀 수밖에 없다. 창문 쪽으로...

누구나 인생길에서 원치 않는 어려움을 겪을 때가 있다. 예상하지 못했던 사업의 실패, 질병, 자녀들의 빗나감, 섬기는 교회의 분열과 아픔들이 우리 자신을 초라하게 만들곤 한다. 그래서 인생을 포기하는 사람도 있고, 「될 대로 되라...」는 식으로 자포자기하는 경우도 있다. 때론 그 책임을 다른 사람에게 돌림으로써 문제를 무마시켜보려고 하기도 한다. 그건 우리 인생길을 운전해 가는데 불어 닥치는 찬바람과도 같다. 내가 익힌 학문도..; 내가 가진 자격증도..; 오랜 이민 생활의 경험도 아무런 도움이 될 수 없는 정말 차가운 바람... 바로 그런 것이다. 인생의 시야가 가려져서 앞으로 갈 수도 없고, 그렇다고 멈출 수도 없는 위기의 때가 있다.

바로 그런 때 나는 강한 성령의 바람으로 맞서야 한다는 걸 배운다.

문제를 일으키는 사람을 탓하지 않고, 그런 어려운 환경을 탓하지 않고, 하나님을 향해 원망의 화살을 던지지 않고, 문제보다 더 강한 바람을 등지고 (바로 내 뒤에는 성령 하나님의 도움심이 있기 때문에) 문제를 극복해 가는 것이다. 따뜻한 바람에 흐릿했던 창문이 맑은 창문이 되듯이, 성령의 뜨거움을 힘입고 문제를 헤쳐 가는 기쁨을 누리게 되리라 생각한다.

가끔은 차가운 물에 담글 필요

구역예배에서 이런 얘기를 했다. 집에서 떡을 만들 때, 김이 무럭무럭 오르는 떡을 '녹두고물' 위에 올려놓고 넓고 평평하게 펴는 것은 쉽지 않은 일이다. 너무 뜨겁기 때문이다. 그래서 찬물에 손을 담갔다가 떡을 두드리고 다시 담갔다가 두드리면서 떡 모양을 만들어가야 한다. 그래야 보기 좋은 모양으로 떡을 만들 수가 있다. "다 식은 후에 두드려 펴면 되지 않느냐?"고 반문할 수 있다. 그러나 식어버린 후에는 모양을 원하는 대로 만들어 갈 수 없다. 그래서 뜨거울 때 두드려 펴야하는 것이다.

우리가 살아가면서 겪는 많은 일들 가운데, 때로는 뜨거운 떡살을 두드려 넓게 펴야하는 것과 같은 경우가 있다. 자녀를 키우는 것이 그렇다. 질풍과 노도의 시기라고 하는 「사춘기」의 자녀들은 뜨거운 떡살과도 같다. 그냥 내버려두면, 그런 모습으로 굳어져버릴 수 있다. 이 때는, 뜨겁지만 조심스럽게 만져주면서 펴주어야 하는 시기이다. 그런데 그냥 만질 수가 없다. 너무 거칠고, 너무 뜨겁고, 너무 자기주장이 강하기 때문이다. 차가운 물에 우리의 마음을 담갔다가 다시 두드려주어야 한다. 잠시 뒤로 물러서서 마음을 가다듬고, 아이의 인격을 생각해가면서 다시 마음을 도닥거리면서 원만한 인격의 사람으로 만들어가야 한다는 뜻이다. 우리 앞에 놓인 모든 일들이 그렇다. 어떤 일은 너무 뜨거워서 쉽게 접근하기가 어렵다고 한다. 그렇다고 포기할 수도 없는 일들이 있다. 그때 잠시 뒤로 물러서는 것이 지혜일 수 있다. 그건 포기하는 것과는 다른 모습일 것이다.

우리의 거칠어지기 쉬운 감정이나 불같은 마음을 식혀주는 것은 무엇일까 생각한 적이 있다. 자녀교육에 대한 책을 읽거나 문제를 놓고 친한 친구와 상담하는 것도 한 가지 방법이다. 그러나 가장 근본적인 것은 '우리의 처지와 형편을 아시는 분 - 하나님께' 말씀드리고 힘을 구하는 것이다. '우리가 마땅히 빌 바를 알지 못하나 오직 성령이 말할 수 없는 탄식으로 우리를 위해 친히 간구하신다...'(로마서 8:26)고 했다. 훌륭한 인격자로 아이들을 양육하는 방법이 여기 있다. 우리 앞에 당한 문제를 풀어 가는 지혜가 여기 있다. 나도 자주 실패하곤 한다. 그냥 손을 댔다가, 그 뜨거움을 견디지 못하고 벌컥 화를 내기도 하고, 때로는 매를 들 때도 있다. 그래도 변화되지 않는다는 것을 알면서도 번번이 넘어지곤 한다.

이제 찬물에 다시 손을 담가보자.

예쁜 모양의 떡을 만들게 될 것을 믿으며...!

독처(獨處)하는 것이

「옆자리가 비어 있을 때 누가 와서 앉아 주나 기다려지네. 남자가 찾아와서 물어본다면 기다리는 사람이 있다고 할까...!」 오래 전에 유행했던 유행가 가사의 한 부분이다. 자신의 곁에 비어있는 자리를 채워줄 누군가를 기다리는 사람의 마음을 노래한 것이다.

오늘 집사람이 한국으로 떠났다. 공항에 배웅을 하고 집으로 돌아오니 집 안이 텅 비어 있는 느낌이었다. 교회당에 가도 그랬고, 청소를 하고 빨래를 돌리고 책상 정리를 해봐도, 집이 비어있다는 느낌은 사라지지 않았다. 뭔가 일에 몰두하기가 쉽지 않았다.

그래서 성경은 '사람이 독처(獨處)하는 것이 보시기에 좋지 않았다'고 한 모양이다. '보시기에 좋지 않다'는 말은 일단 보기에 좋지 않다는 뜻일 것이다. 그건 또 혼자 일하는 모습이 안돼 보인다는 뜻이기도 하다. 그리고 그건 쓸쓸해 보여서 안 좋다는 뜻도 포함하는 것일 게다. 아마 더 많은 뜻이 '독처하는 것이 보시기에 좋지 않았다'는 말에 내포되어 있을 것이다.

그걸 모르고 사람은 독처하고 싶어 한다. 혼자만이 잘난척하고 싶어 하고, 자기 혼자만 먹겠다고 욕심 부리고, 권세를 누리겠다고 남을 누르고, 혼자만 즐기기 위해 타인의 고통을 외면한다. 독처하고 싶어 하는 마음, 하나님이 보시기에 좋지 않은 그 모습, 그것은 집단 이기주의로 나타나기도 한다. 그 생각은, 내 가족만, 내 교회만, 내 나라만... 이라는 잘못된 사랑의 모습으로 발전되어서, 결국 사람들의 생각과 마음을 마비시키기도 한다. 그래서 주님의 몸 된 교회가 있는 자리에도 다툼과 갈등이 있고, 나라와 나라 사이에는 전쟁이 계속되는 것인가 보다.

그 독처하고 싶어 하며, '독처함' 자체를 즐기려는 내게 주님이 찾아오셨다. 자기를 버리셨고, 홀로 독처하기를 고집하지 않으시며, 낮은 사람의 자리를 마다하지 않으셨다 (빌립보서 2:5-11). 독처하는 내 곁에서 나를 위로하기 위해서... 보기 좋은 하나님의 사람으로 만들기 위해서... 이건 경험해 본 사람만이 아는 비밀이다. 주님을 만나지 않으면 일을 해도 일이 손에 잡히지 않는다. 이것저것 부산하게 손을 대보지만, 마음의 쓸쓸함은 사라지지 않는다. 그래서 주님을 찾게 되는 인생 – 결코 독처하지 않는 아름다운 인생의 모습이다.

차라리 내가 다쳤어야 했는데

어제 아침 자동차 추돌 사고로 교우 한 분이 많이 다쳤다는 소식을 들었다. 아침부터 장로님 부부가 병원을 찾아가서 많은 도움을 주었다는 얘기를 들었고, 저녁에는 그 교우 가정을 찾아가 모습을 보는 순간 내심(內心) '감사하다...'는 생각이 들었다. 걱정했던 것보다는 훨씬 괜찮아 보였기 때문이다. '많이 상했으면 어떻게 하나! 아이들은 어떻게 하나!'하는 생각이 내내 머리를 맴돌았었는데...

함께 성경을 읽고 기도하면서 참 귀하고 아름다운 모습을 볼 수 있었다. 많이 다쳤음에도 불구하고 밝은 모습을 잃지 않는 조카의 모습이 참 좋아보였다. 어려울 때도 낙심하지 않고 웃는 모습이 참 예뻐 보였다. 그러나 그것보다 더 귀하고 아름다운 모습이 바로 그 자리에 있었다. 그건 바로, 다친

조카를 보면서 곁에서 눈물 흘리는 이모의 모습이었다. 조카를 보면서 이모가 눈물을 머금고 했던 말은, '차라리 내가 다쳤어야 하는데…'였다.

'차라리 내가 다쳤어야 하는데…' 이건 누구나 할 수 있는 말이 아니다. 다른 사람은 다치고 병들어도 나와 내 가족만큼은 괜찮기를 바라는 것이 우리 인간의 속성이기 때문이다. 우리 사회, 우리가 사는 지구촌의 문제는 바로 자기 자신만 생각하는 인간의 속성에서 비롯되었다. 그래서 주님은 세상이 좋아하는 '섬김 받는 일'보다는 '섬기는 일'이 주님 자신의 일이라고 말씀하신 것이다.(인자가 온 것은 섬김을 받으려 함이 아니라 도리어 섬기려 하고… 막 10:45)

'차라리 내가 다쳤어야 했는데…' 이건 내가 대신 아파하겠다는 마음이다. 내가 대신 무거운 짐을 지겠다는 마음이다. 내가 조금 덜 먹고, 덜 쓰고, 덜 누리면서 이웃에게 베풀겠다는 우리 주님의 마음이다.

우리 인생은 언제 어디에서 어떤 일을 만날는지 아무도 모른다. 그건 기쁘고 즐거운 경험일 수도 있고, 아니면 그 반대의 경험일 수도 있다. 바로 그런 때에 주님은 말씀하신다. '내가 너를 위해 다쳤고, 너를 위해 십자가를 졌고, 너를 위해 죽었단다.' 그리고 또 말씀하신다. '이젠 염려하지 말아라. 눈물 흘리지도 말아라.' 이것은 우리 모두가 마음속에 품고 또 품어야 할 주님의 마음일 것이다. '차라리 내가 다쳤어야 했는데…' 여기 주님의 마음을 닮아 가는 한 사람의 귀한 생각이 있다.

오늘 우리 모두가 그렇게 말하면서 주님의 향기를 풍기는 주님의 사람이 되었으면 좋겠다는 생각이 든다.

신 포도라서 안 먹는 사람

포도나무 밑에 앉아서 포도를 바라보며 군침을 삼키는 한 여우가 있었다. 아무리 발버둥쳐도 포도를 딸 수가 없었고, 입을 벌리고 기다려도 그 열매는 떨어질 기미조차 보이지 않았다. 결국 여우는 '저건 신 포도야... 맛이 없을 거야!' 라며 그 포도나무 밑을 떠났다고 한다.

아이들 학교가 턱시도(Tuxedo, 위니펙의 부자동네) 부근에 있어서 그 동네를 지날 때마다 괜찮은 집들이 눈에 들어온다. 「Sale」 팻말이 붙어있는 집을 보면 한번 더 눈길이 간다. '저런 집에서 살고 싶다. 저건 얼마나 하나?' 하는 생각들이 오고 간다. 물론 다른 지역의 주택에 대해서도 그렇겠지만, 감히 엄두도 내지 못할 가격이라서 그저 혼자 상상만 한다. 오늘 아침까지도 그렇게 덧없는 상상을 하면서 그 동네를 지났다. 한편으로는 내 능력으로는 그 집을 살 수 없다는 생각이 들면서, 여우의 심정이 이해가 되었다.

내게 떠올랐던 생각은, '저런 집은 관리하기가 안 좋아, 저런 집은 세금이 너무 세서, 저런 집은 유지비가 많이 들어서, 난 사지 않을 거야...'는 것이었다. 실상은 내게 구입할 능력이 없어 포기하는 것이었지만, '저건 신 포도야...!' 하는 식으로 자존심을 세우게 된다는 말이다.

그런 집이 내게 거저 생긴다고 할 때, 주님 때문에 거절할 수 있는 사람은 그리 많지 못하다는 말이다. 명예를 원하지만 자신의 능력으로 도달할 수 없으니, '신포도'라고 딱지를 붙이고, 많은 물질과 권세를 원하지만, 힘이 닿지 않으니 할 수 없어서 '신포도'의 딱지를 붙이는 게 우리 인생이다. 여기저기 갖고 싶고 부러운 게 많지만, 내게 능력이 없으니 '신포도'의 딱지를 붙여 놓는다. 내가 믿음이 좋아서 세상의 다른 것들을 거들떠보지 않는

게 아니라, 능력이 닿지 않아서 가까이 못하는 게 많다. 평범한 집에 살면서 평범한 차를 타고, 평범한 학교에 자녀들을 보내는 것은 내 믿음이 좋고 내 의지가 확고해서가 아니라, 좋은 것들을 소유하고 누릴 능력이 되지 못해서 어쩔 수 없이 그렇게 지내는 경우가 많다고 고백하는 것이다. 그러면서도 내 믿음 때문이라고 얘기하고 싶은 게 우리의 인생이 아닌가 싶다. '주 예수 보다 귀한 것은 없네…' 그래서 세상 것들을 포기하고 무시할 수 있는 신앙이 되지 못하니 부끄럽다. 그러면서도 알량한 자존심을 내세우려는 마음이 창피하다. 내게 능력이 있어도 포기할 수 있고, 내 손으로 충분히 잡을만하여도 멀리할 수 있고, 내가 다스릴 수 있어도 다스리기보다는 섬길 줄 아는 사람이 되고 싶다. 할 수 없어서 포기하는 사람이 아니라, 할 수 있음에도 주님을 사랑하기에 포기할 줄 아는 참 귀한 믿음의 사람이 되고 싶다. 다른 모든 일을 제쳐놓고, 주님 때문에 내 모든 시간을 드릴 줄 아는 사람이 되고 싶다. 포도를 따먹을 수 있어도 먹지 않고 버틸 수 있는 용기의 사람이 되고 싶다.

새 커피 잔

집사람이 한국에서 커피 잔 세트를 가져왔다. 언뜻 보기에도 '참 괜찮다!'는 느낌이었다. 며칠이 지난 후 찬장을 열어보니 그 커피 잔이 보였다. 그런데 처음에 보았을 때 '괜찮다'고 느꼈던 것과는 달리, '별거 아니네!'라는 생각이 들었다. 왜냐하면 그 찬장에는 다른 그릇이나 컵들이 함께 뒤섞여 있었기 때문이다. 여자들이 귀걸이를 하면 '괜찮다'는 느낌을 받는다. 브로우치를 하거나 다른 장식을 달고 있어도 비슷한 느낌이다. 혹은 집안에 작은 실내장식을 볼 때도 그렇고, 책상 위에 책갈피 하나를 봐도 그 느낌은 비슷하다. '괜찮다!' 그런데 그 모든 것들이 '별거 아닌 것'처럼 보일 때가 있다. 다른 것들과 함께 뒤섞여 있을 때, 혹은 백화점 진열장에 어우러져 있을 때가 그렇다. 진열장에 따로 장식해 놓으면 '그 별것이 아닌 것처럼 보이던 것'이 '별것'처럼 보이는 이유는 무엇일까?

많은 것 가운데 섞여있는 하나를 보면서 시시하게 느끼는 것은 저 자신에게 문제가 있다는 말이다. 그런데 이런 느낌이나 생각은 나 혼자만의 것은 아니다. 어쩌면 모든 사람의 마음 깊은 곳에는 '많은 것 중에 하나가 되는 것은 시시하다!'는 생각이 있는지 모른다. 많은 것 가운데 섞여 있으면, 자신을 돋보이게 할 수 없기 때문이다. 함께 있으면, 자신의 능력도, 자신의 재능도, 자신의 외모도, 그리고 자신의 배경도 그냥 다른 사람들의 그것과 별 차이가 없어 보이기 때문이다.

하나님께서 지으신 만물들과 함께 어울리어 하나 된다는 것은, 하나님의 창조의 질서를 따르는 겸손이다. 그 창조의 아름다움을 돋보이게 하는 비결이기도 하다. 다른 사람을 소중히 여기는 사랑이요, 자연을 아끼는 하나님의 마음을 품는 것이다. 그런데 사람이 자신을 돋보이고 싶어 하면서 그 질서가 깨어지고 말았다. 자연스러움보다는 인공적인 것을 더 찬양하는 목소리들이 높아지면서 자연은 자연스러움을 잃어버리고 말았다.

많은 것 가운데 묻혀있다는 것 때문에 속상해한다면, 그건 자기 이익만을 생각하는 욕심에서 나온 생각일 것이다. 자기만을 내세우고 싶어하는 교만에서 나온 생각이라는 뜻이다. 그러나 많은 것과 함께 있는 것처럼 귀한 것은 없다. 그 안에서 질서를 배우고, 그 안에서 이웃을 생각하는 마음을 배우기 때문이다. 가족은 그걸 배우는 기초공동체이다. 교회는 그걸 실천하는 믿음의 공동체요, 우리 사회는 그 열매를 베풀기 위해서 하나님께 우리들에게 준비해 주신 사랑의 장(場)이 된다. 자꾸 함께 있는 공동체를 벗어나고픈 충동이 내 속에서 문득 일어날 때에, 함께 있음의 소중함을 생각하는 사람을 만나고 싶다.

바로 우리 믿음의 공동체 안에서...!

가는 사람 그 누가 잡을 수가 있나요

지난주간에 위니펙의 어른 한 분이 세상을 떠났다. 그리고 그 다음날에는 한 아기가 태어났다. 세상을 떠나신 분은, 늘 가깝게 생각했던 분이기에 슬픔과 아쉬움이 교차했다. 붙잡을 수도 없고, 붙잡는다고 해도 머물 수 없는 것이 인생임을 한 분이 훌쩍 떠날 때마다 느끼는 것이지만, 그래도 늘 아쉬움이 남곤 한다. 사실은 그 어른이 세상을 떠나기 전에 한번 더 찾아 뵐 생각이었다. 우리 교우들도 같은 생각을 갖고 있어, '내일 저녁에 병원 앞에서 만나자...'는 약속까지 했었는데, 이제 지킬 수 없는 약속이 되고 말았다.

지난 화요일에 태어난 아기는 예정일을 약 20일 앞두고 태어났다고 한다. 그 전날까지도 산모는 전혀 느낌이 없었기에, 그날도 가까운 친구들과 조금은 여유 있게 시간을 보냈다고 한다. 그런데 떠나신 분이 훌쩍 갈 수밖에 없었던 것처럼, 이 아기도 갑자기 태어났고, 산모도 갑자기 엄마가 되었고, 우리도 갑자기 아기를 맞이하였다.

세상의 모든 일이 다 그렇다고 하지만, 생명에 관해서는 더욱 할말이 없음을 절감한다. 나 자신이 할 수 있는 게 아무 것도 없음을 알기 때문이다. 훌쩍 떠나는 사람을 말릴 수 없는 것처럼, 갑자기 오는 아기도 그냥 맞이할 수밖에는 없는 것이 우리 인생이다. 그럼에도 그 생명의 소중함을 잊고 사는 것이 또한 어리석은 우리 인생의 모습이기도 하다. 어쩌면 하나님은 어리석은 인생을 가르치기 위해서 새 생명을 주시기도 하고, 이 땅의 생명을 데려가시는지도 모른다는 생각이 든다. 가는 사람은 보낼 수밖에 없고, 오는 사람은 맞이할 수밖에 없는 우리 인생이 '만나고 헤어지는 그 짧은 찰라 혹은 짧은 순간에 존재하시는 하나님' 그분을 배울 필요가 있다는 말이다. 그걸 배우기 시작하는 게 믿음이라는 생각도 들고, 내가 할 수 없는 부분을 하나님은 하시기에, 그 하나님을 의지하고 싶다는 작은 소원이나 혹은 결단 같은 것이 믿음의 출발점일 수 있다는 말이다.

그렇게 생각하면 나는 여전히, 믿음의 출발선에 서서 발을 내디디지 못하고 망설일 때가 있음을 본다. 겁이 나서, 아니 그분을 의지하지 못해서...

이젠 정말 한 걸음 앞으로 내디디고 싶다.

생명을 주신 하나님을 의지하는 믿음의 발걸음을...

흘러간 옛 노래에서 느끼는 감동

"구름도 울고 넘는 울고 넘는 박달재..."라는 노래를 들으면서 뭔가 촉촉하게 젖어드는 느낌을 부인할 수 없다. 그런데 이곳 캐나다에서 오래 지내온 아이들은 '박달재라는 사람이 누구냐?'고 물었다. 전혀 '감'이 통하지 않는 것에 답답함을 느낀다. "비가 오면 생각나는 그 사람, 언제나 말이 없던 그 사람…" 마치 흐느끼듯이 노래를 부르던 70년대의 여자 가수의 소리를 들으면서 어떤 분은 '은혜(?)'를 받는다고도 한다. 그런데 요즘 젊은이들이 부르는 노래는 노래를 부르는 건지 아니면 중얼거리는 건지… 영 딴 세계 같아서 또 한번 답답해진다. 그렇게 세대 차이를 느끼면서 포기하고 사는 게 인생이라는 생각이 들기도 하고, 이런 저런 방법으로 대화를 시도하면서 '우리는 친구야(?)'라는 마음을 전달하는 게 쉽지는 않다. 한 지붕 아래서, 함께 호흡하며 지낸다고 해도, 친구가 되기는 쉽지 않다. 세계관이 다르고, 만나는 사람이 다르고, 관심사가 다르기 때문이다.

그런데 며칠 전 아침 QT(말씀 묵상)를 하면서 마음이 환해졌다.

에스겔 10장 말씀에 보니, '내가 그발강가에서 보던 생물이라… 보던 얼굴이라…'는 말씀이 있다. 선지자 에스겔이 하나님의 사자를 보았다는 것인데, 그것들을 지금 처음 접하는 것이 아니라 이전에 보았던 것을 다시 보게 되었다는 얘기였다. 이전에 봤던 것이어서 조금은 친숙하고 낯설지 않다는 얘기다. 그래서 궁금해 하거나 의아해 하지 않고 바로 알아본 것이 아닌가 싶다. 사도 바울이 예수님을 처음 만나던 때 그는 '주여 누구십니까?'라고 물었다고 한다. 처음이었기 때문이다. 그 후로 그는 한번도 「주님을 낯설다」고 느낀 적은 없었다. 이전에 보던 분이요, 이전에 만나 대화하던 분이었기 때문이다.

이전에 보던 분이 되어서, 친숙하게 교제하기 위해서 그 문을 하나님께서 두드렸고, 먼저 열었다. 그 열린 문으로 들어오고 나가면서 우린 하나님의 사랑도 보고 경험도 하고 나눌 수 있는 것이다. 주님은 우리와의 만남을 그렇게 시작하셨다. 이젠 우리 차례이다. 조금은 다른 세계에 사는 자녀들의 친구가 되기 위해서 먼저 만나주고, 먼저 내려가 주는 일은 우리 몫이 아닌가 싶다. 한 세계를 경험하고 이해하면서, 주님의 마음을 배우고 나누는 친구 같은 아빠, 친구 같은 엄마들이 되었으면 좋겠다.

아이 같은 어른

지난 월요일, 어느 교민의 손자 백일에 갔었다. 한인 여러분이 참석해서 화기애애한 분위기에서 예배를 드리고, 함께 음식을 나누었다. 그날의 주인공이 엄마 품에 안겨서 인사를 다니는데, 한 분이 아기를 보고 '아주 멋진 양복을 입었네!' 말을 했다. 그러고 보니 아이는 소위 '턱시도'같은 것을 입고 있었다. 그러자 엄마가 웃으면서 '그런데 자꾸 빨아먹어요!' 대답을 하는데, 아기가 양복 앞에 스카프 비슷한 것을 빨고 있었다. 우리 모두는 그 모습을 보면서 '참 귀엽다'고 생각하며 웃을 수가 있었다.

단순히 양복에 멋으로 맨 스카프를 빨아먹는 사람이 있다면 대뜸, '칠칠치 못하다, 옷이 아깝다.'고 핀잔을 주었을 것이다. 그런데 아기를 보고는 아무도 그런 소리를 하지 않았다. 아직 백일밖에 되지 않은 철부지 아기였기 때문이다. 그래서 오히려 귀엽다고 느끼며 웃을 수가 있었던 것이다. 아직은 백일이 된 아기였을 뿐이라는 말이다.

어른이 되면 모든 행동이 조심스럽다. 말하는 것도 그렇고, 옷을 입는 것이나 머리를 손질하는 것, 친구를 사귀는 것에 이르기까지 제약이 많다. 어떻게 생각하면 그런 것들은 제약이라고 할 수 있다. 그러나 그것은 자기를

 그리스도를 닮고자 하는 작은생각

위한 것이라기보다는, 사회의 또 다른 구성원을 위한 자기절제요, 타인에 대한 존경의 표현이라는 것이 옳은 말 일게다. 동시에, 사회 전체를 복되게 하는 작은 헌신이라고도 할 수 있다.

그런데 우리 주변에는(나를 포함해서), 여전히 스카프를 빨아먹는 사람이 있다. 어른이라고 생각하고 그렇게 대접받기를 원하면서도, 어른처럼 행동하지 못하는 사람이 있다는 말이다. 백일이 지나도 수십 번이 지났는데도 여전히 백일잔치에 앉아 있는 아이 같은 어른(이를 가리켜 상담학에서는 성인아이라고 한다)이 있다.

나는 오늘 생각한다.

내가 말할 때, 내가 생각할 때, 나에게서 나타나는 성인 아이의 모습은 무엇인지를…

그로 인해서 사람들의 눈살을 찌푸리게 하는 것은 무엇인지를…

이젠 조금씩 그런 부분을 고쳐나가야겠다.

4만 불짜리 수표와 100 불짜리 수표

오래 전부터 예배당에 소방시설을 해야 한다는 소방서(Fire Department)의 요구가 계속되었다. 교회 재정이 부족하여서 이 궁리 저 궁리를 하던 중에, 교단에 신청을 했고, 지난주간에는 신청했던 경비 가운데 일부(4 만 불)를 수령했다. 재산관리부를 섬기고 계시는 집사님이 봉투를 뜯으면서, 4만 불짜리 체크를 보여주셨다. 그런데 천불짜리나 100불짜리나 50불짜리 체크와 하나도 다른 것이 없었다. 「4만 불」이란 숫자가 다른 것 외에는 거기 금테가 둘린 것도 아니었고, 더 큰 도장이 찍힌 것도 아니었고, 그렇다고 체크의 지질(紙質)이 다른 것도 아니었다. 그냥 우리가 평소에 사용하는 것과 하나도 차이가 없었다. 그런데 그것이 자그마치 4만 불짜리였다. 평생 한번 만져볼까 말까한 아주 큰 금액의 체크였다는 말이다.

사람은 누구나 똑같다. 벌거벗고 울면서 태어났고, 또 돌아갈 때도 아무런 소리도 못하고 가는 것이 인생이다. 하나님의 사람 욥은 이렇게 고백했다. '내가 모태에서 적신(벌거숭이)이 나왔사온즉 또한 적신이 그리로 돌아가올지라. 주신 자도 여호와시요 취하신 자도 여호와시오니, 여호와의 이름이 찬송을 받으실지니이다...'(욥 1:21) 금테 두르고 태어나는 사람도 없고, 뭔가 움켜쥐고 가겠다고 주먹을 움켜쥔다고 해도, 빈손으로 가는 것이 우리 인생이다. 그러나 다른 것이 하나 있다. 그것은 하나님의 사인(인, 印)을 받은 사람과 그렇지 않은 사람의 차이다. 겉보기는 다 똑같다. 다른 것은 없다. 사람이라는 게 같다. 먹어야 살고 숨을 쉬어야 산다는 게 같다. 그러나 다른 게 하나 있다. 그건 하나님이 인정하시는 사람과 그렇지 않은 사람, 예수를 주로 고백하며 그 십자가를 지고 가는 사람과 그렇지 않은 사람의 차이다. 그 차이는, 4만 불짜리 체크의 값어치가 100불짜리 체크보다 더 값어치가 있는 것보다 더 큰 차이가 있다.

우리 모두는 값진 인생들이다.

우리 인생에는 주님의 사인이 담겨있기 때문이다.

그렇게 값어치는 인생으로서, 그렇게 값어치 있는 삶을 살면서 구별된 인생의 모습을 보이고 싶다.

떠밀려서 들어온 길

지난 20일 저녁 중앙교회에서 목사 및 장로 임직식이 있었다. 설교 가운데 예화는, 「호수 한 가운데 섬을 헤엄쳐 돌아오는 사람에게는 많은 상을 주겠다. 그런데 호수에는 악어와 식인물고기와 독뱀이 살고 있어서 살아남기 어렵다. 다 포기하려는데 한 사람이 물에 뛰어들어 헤엄쳐 돌아왔다. 모두가 탄성과 함께 박수를 보내는데, 섬을 돌아온 사람의 첫마디는 '누가 나를 물에 밀어 넣었느냐?'는 것이었다」 자의가 아니라 타의에 의해서 어쩔 수 없이 헤엄치게 되었다는 얘기다. 설교의 결론은 스스로 원해서 목사가 되고 장로가 된 것이 아니라는 것이었다. 누군가가 뒤에서 떠밀어서 그리되었다는 것이다. 간혹 감격과 기쁨으로 헌신하고 자신의 삶을 드리겠다고 신학교에 가는 사람들을 보곤 한다. 장로나 권사나 안수집사가 되겠다고 선거운동을 하고 여기저기 자기 이름을 알리는 사람들도 있다. 일하고 싶고, 일꾼이 되고 싶다는 사실을 생각하면 아주 귀한 모습임에 틀림없다. 이런 핑계 저런 변명을 대며 자꾸 뒤로 빼는데 익숙한 우리들이 닮아가야 할 모습일 것이다. 그러나 우린 분명히 알아야 한다. 강제로 떠밀려서 들어선 길이기에, 자신의 생각과 고집은 모두 버리지 않으면 안 된다는 것이다. 자신을 그 길로 밀어 넣으신 분의 뜻을 생각하자는 것이다.

나 역시 나 자신의 의지로 신학을 하기로 결정하고 목사가 된 것은 아니었다. 밀리고 밀리고 떠밀려서 신학을 했고 목사 안수를 받았고, 목회를 하면서 오늘 여기까지 왔다. 그래서인지, 동료나 선후배 가운데서 늘 자기의지를 갖고 결단했다는 사람들을 부러워하곤 했다. 그러나 곰곰이 돌이켜 생각해보면, 우리 인생 자체가 나의 선택으로 시작된 것이 아님을 알 수 있다.

우리 인생 자체가 그렇다. 그냥 떠밀려 왔다가, 떠밀려 돌아가야 하는 것이 인생이다. 그러나 중요한 것은 나를 밀어 넣으신 분의 뜻(의지)이 있다는 것이다. 그분의 계획이 있다. 그분의 그 계획이 이루어지도록 최선을 다하는 것이 내게 주어진 사명이기도 하고..

그 뜻에 순종할 때, 나의 모습이 아름답게 변화하리라 믿는다.

비록 벌레 같은 인생일지라도..!

바로 「주님의 시간에...」

비밀이 생겼다

우리 큰아들 요한이가 10학년이다. 한국으로 치면 고등학교 1학년이 된 것이다. 한창 격변하는 사춘기의 징후들이 여기저기서 나타난다. 여드름도 나고 목소리도 변하고 자기주장이 강해지고 때로는 말을 듣지 않는 경우도 있다. '그걸 어떻게 다루어야 하는가?' 하는 고민을 하면서도, 때로는 그가 사춘기라는 사실을 잊고 아이처럼 대할 때가 있다. 그럴 때면 꼭 자기가 '컸다...'는 사실을 여러 가지 방법(?)을 써서 확인시키곤 한다.

지난주간에는 친구들과 꽤 긴 통화를 하는 것 같더니, 자기 방에 아예 전화기를 갖다놓고 쓰는 것이었다. 자기 방에도 전화기가 있는데 엄마 방에 있는 전화기를 가지고 올라가서 사용하고는 다시 제자리에 갖다 놓지 않는 일이 빈번했다. 이건 부모에게 알리고 싶지 않은 비밀이 생기기 시작했다는 것이다. 친구들과는 나눌 수 있어도, 부모와는 나누고 싶지 않은 자기만의 비밀스런 얘기가 있다는 것이다. 혹은 부모에게는 부끄러워 숨기고픈 비밀이야기가 그의 삶속에 자리 잡기 시작한 것일 수도 있고... 여기에서 아빠로서 갖는 생각은, 첫째 서운하다는 것이다. 아들의 모든 걸 알고 싶고 나누고 싶은 것이 모든 부모의 마음이기 때문이다. 둘째는 빨리 이 격변의 시기가 지나갔으면 좋겠다는 것이다. 철이 들면, 부모의 마음을 이해하고, 자기 생각을 부모와 나눌 것이며, 그러면서 가족의 소중함을 느낄 수 있기 때문이다. 그런데 중요한 것은, 이 시기를 거치지 않는 사람은 없다는 것이다. 따라서 이 시기에 좋은 경험을 할 수 있도록 도와주고 격려하면서 기다려주어야 한다는 것이다.

신앙에도 사춘기가 있다. 처음 예수를 믿으면 모든 것을 다 주님께 말씀드리지만, 조금 신앙이 컸다 싶으면 자신도 모르게 반항도 하고 고집도 부리고 성경보다는 자기 판단을 앞세우는 때가 있다. 그런 시기에는 하나님도 서운해 하실 것이다. 그런데 그분은 서두르지 않고 가만히 기다려주신다. 신앙의 철이 들 때까지...

우리들 가운데는 하나님께 말씀드리지 않고 일을 처리하는 사춘기의 징후를 가진 사람들이 있다. 아닌가 싶으면 다시 사춘기로 돌아가고, 벗어났는가 싶으면 다시 반복해서 사춘기의 거친 모습으로 살아가곤 한다. 그러나 이젠 나 자신의 주장을 벗어 던질 때가 되었다. 하나님 편에 서서 생각하고, 그분 편에서 이해 할 때가 되었다. 하루 빨리 신앙의 어른으로 우뚝 서서, 한 몫을 담당하는 신앙인들이 되었으면 좋겠다.

꼬부랑 할머니

우리나라에는 '꼬부랑 할머니'에 얽힌 노랫말이 있다. 「꼬부랑 할머니가 꼬부랑 고개 길을 꼬부랑꼬부랑 넘어가고 있네. 꼬부랑 꼬부랑 꼬부랑 꼬부랑 고개는 열두 고개, 고개를 넘어간다...」 이런 내용의 노래이다. 어렸을 때는 왜 우리나라 할머니들이 꼬부랑 할머니인지를 이해하지 못했다. 허리를 많이 숙이고 일을 해서 그렇다는 건 알았지만, 그것이 왜 꼬부랑 할머니가 되게 하는지는 모른 채 「초라해 보이기도 하고 힘이 들텐데 왜 허리를 꼬부리고 다닐까? 」 하는 생각을 했었다. 그런데 몇 주 전에 서재를 위층으로, 또 지하실로 옮기면서 책이며 책장이며 힘을 썼더니 허리를 펴는 게 쉽지 않았다. 평소에 서서 예배를 인도하고 나면 얼마나 허리가 아픈지, 차라리 허리를 꼬부리고 있는 게 편하기까지 했다. 그래서 평상시에도 자꾸 꼬부리고 있게 된다.

그러나 그건 진짜 꼬부랑 할아버지가 되는 지름길에 들어서는 것이다. 나이가 들어서 꼬부랑 노인이 되지 않으려면, 지금 조금 아프고 힘이 들어도 허리를 펴고 일어나야 한다. 그렇게 허리를 단련시키지 않으면 꼬부랑 고개 길을 가는 꼬부랑 인생이 되고 말 것이다.

지금 잠시 편안하다고 해서, 하나님을 바라보고 만나는 시간을 소홀히 한다면, 혹은 이웃을 사랑하는 일에 인색해서 눈을 마주치지 않는다고 하면, 혹은 우리의 경건의 훈련을 게을리 한다고 하면, 우리는 꼬부랑 신앙인이 되고 말 것이다. 우리의 삶이라는 게 그렇다는 것이다. 주변을 돌아보면, 그렇게 먹고, 그렇게 마시고, 그렇게 말하고 행동하는 것이 자신에게 편하고, 신이 나고, 스트레스를 풀어 주리라 생각되는 것으로 가득 차 있다. 신자라는 틀에 매이기 싫을 때가 있다. 그래도 우린 허리를 펴야한다. 지금은 조금 불편해도, 그것이 꼬부라지지 않은 신앙인이 되는 길이다.

그래서 나는 오늘도 허리운동을 하고, 또 허리 펴는 연습을 한다.

남북 정상회담 관련기사를 보고

「金위원장의 의상은 달랐다. 전날 입었던 점퍼 형태의 갈색 인민복 대신 공식 국가행사에서 착용하는 회색 인민복 정장차림. 이날의 회담이 공식적인 것임을 연출하는 의미인 셈이다. 왼쪽 가슴에는 김일성 배지를 달았고, 안경도 전날의 갈색 기운이 도는 엷은 선글라스 대신 맑은 금테안경을 썼다.」

이건 지난 목요일(6월 15일)자 신문에서 다룬 남북정상회담 관련의 한 구절이다. 이 구절에서 느낄 수 있듯이, 김정일의 옷차림, 안경색깔, 가슴에 단 김일성 배지 같은 세세한 것까지도 묘사하면서, 거기에 상징적인 의미가 있음을 설명하고 있다. 물론 분단 50년 만에 만나는 정상들의 첫 만남이라는 것을 생각할 때, 그 의미는 아무리 강조해도 지나치지 않으며 마땅히 그래야 한다. 그만큼 우리들의 가슴은 뜨거웠고, 우리 겨레는 이런 날을 기다리고 있었다. 나 역시 실향민(失鄕民)의 아들로서, 가보지도 않은 부모님의 고향에 대한 그리움이 있다. 하물며, 고향을 떠나온 실향민들의 그리움은 더했을 것이다.

그런데 이 신문기사를 보면서 내가 했던 생각은, 「성경이 말하는 예수님의 일거수일투족(一擧手 一投足)에 대해 우리 그리스도인들이 얼마나 관심을 갖고 있을까?」하는 것이었다. '예수님이 하신 말씀...; 그분의 행적...; 그분의 손짓이나 그분이 만들어 가셨던 인간관계들을 읽고 묵상하면서 얼마나 가슴 설레는 경험을 했는가?' 하는 것이다. 예수님을 「하나님의 아들이요, 나의 구세주」라고 고백하면서도, 그분의 언행으로부터 어떤 의미를 찾으려고 하지 않았던 나의 어리석음을 본다. 돌아갈 나의 참 본향은 하늘나라인데도 말이다. 그리고 이제는 그 날이 이제까지 살아온 시간보다 더 많지 않을 것인데도 말이다.

이젠 우리 주님에 대해 다시 생각해 봐야겠다.

가슴 설레는 경험을 기대하면서...

더위를 이기는 법

올해는 위니펙이 유난히 덥다. 그래서 그런지, 한국의 여름 음식이 더욱 그립다. '이열치열(以熱治熱)'을 위한 한국의 전통음식들을 이곳에서는 다 누릴 수 없지만, 그 가운데 하나인 삼계탕이나 백숙 같은 것은 즐길 수 있으니, 그나마 다행이란 생각이 든다. 그런데 그런 보양 음식을 먹으면서도 그것이 우리의 몸에 어떤 작용을 하는지 몰랐는데 얼마 전 한 신문기사를 보고 비로소 알게 되었다.

한방(韓方)에 의하면, 우리 몸은, '속이 더우면 겉이 냉해지고, 속이 냉해지면 겉이 뜨거워지는 구조'라고 한다. 그래서 덥다고 찬 것을 자꾸 먹으면 열이 더 나는 것이요, 뜨거운 것을 먹으면 속이 더워지면서 겉이 차가워진다는 것이다. 여름철일수록 뜨거운 것을 먹어야 되는 이유가 바로 여기에 있다. 더위를 식히기 위해서 찬 음식이나 청량음료만을 좋아하는 요즘 세대와, 더위를 식히기 위해서 뜨거운 음식으로 속을 덥게 했던 옛 어른들의 지혜의 차이를 엿볼 수 있다.

사람은 외모를 보지만 하나님은 중심을 보신다는 말씀이 생각난다.

눈에 보이는 감각적인 부분(외모, 학벌, 몸매, 물질, 권세 같은 것들)만을 가지고 판단하는, 정말 감각적인 요즘 사람들에게는 경고성의 말씀이 아닌가 생각된다. 지금 당장은 그것이 최고인 것 같고, 그것을 통해서 만족을 얻을 수 있는 것 같지만, 결국은 우리들의 영적 상태를 더욱 초라하게 만들고 마는 것들이 있다. 그럼에도 그것이 가치기준이 되어서, 신(信) 불신(不信)을 막론하고 외모를 취하곤 한다. 그래서 성경은 '마지막 때에 믿음을 보겠느냐...?!' 라고 탄식하고 있는가보다.

감각적인 부분이 전혀 불필요하다는 말은 아니다. 그러나 정말 우리가 추구해야 할 것은, 속사람의 건강이다. 사랑하는 마음, 용서하는 마음, 허물을 덮어주는 마음과 같은 것이 바로 그것일 게다. 그것이 하나님의 교회가 서 있는 이유요, 이 세상에서 빛과 소금의 역할을 감당하는 이유인 것이다. 「주 예수보다 더 귀한 것은 없네...」 소리 높여 찬송하면서도, 실제는 외모를 기준으로 행동하는 우리들의 모습을 지양해야겠다. 이 더운 여름철에, 이 열치열의 영적인 음식을 취하면서...

변색되어 버린 신문

책상을 정리하면서 지나간 신문들을 스크랩하려고 보니, 누렇게 변해 있었다. 창문을 커튼으로 가려놓았었는데, 아침나절에 잠깐 커튼 사이로 스며들어온 햇빛에 닿았는가 보다. 서재가 있는 방은 아침에만 잠깐 햇빛이 비추는 곳이어서 괜찮을 줄 알았는데도 신문은 변색되어 있었다. 햇빛의 영향에 대해 다시 생각하는 계기가 되었다.

그리스도인들은 하늘의 만나를 먹고 사는 사람들이다. 예수는 자신을 '생명의 떡'이라고 하면서, '자신을 먹어야 한다...'고 말씀하셨다. 그건 예수와 함께 살고, 예수로 살고, 예수의 냄새를 풍기면서 살아야 한다는 뜻일 게다. 오늘날처럼 엄청난 하늘의 만나를 접하고 사는 시대도 없을 것이다. 주일이면 교회에서, 평일에는 설교 테이프를 통해서, 그리고 이런 저런 집회를 통해서 들려지는 말씀들이 바로 그것이다. 그런데 그렇게 온통 주님의 빛을 쐬고 살면서도 어째서 우리는 변색이 되지 않는지 모르겠다. 그리스도의 빛을 쪼인 흔적을 찾아보기 어려우니 - 감추기 때문인지, 아니면 본래 없는 것인지 모르지만 - 쪼인 척 하고 산다는 생각밖에는 들지 않는다. 경건한 척 하면서도, 결코 경건하지 못했던 바리새인들처럼 말이다. 그래서 성경은 '경건의 모양은 있으나 경건의 능력은 부인하는 자들'에 대해 경계하라고 하는가 보다.

오늘 아침에도 나를 돌아보았다.

내 생각, 내가 하는 말, 내가 가족들을 대하는 태도, 그리고 내 마음 깊은 곳까지도 생각해보았다. 주님의 빛을 쪼인 흔적이 조금이라도 있는지를 말이다. 주님을 만난 흔적으로, 주님처럼 하나님의 색깔로 변색되어 있는지를 말이다. 내게는 아직도 내세울만한 것이 없다. 이런 모습으로 하나님 앞에 간다면, 무슨 말씀을 아뢸 수 있을까? 무슨 염치로 고개를 들 수 있을까? 이젠 정말 제대로 변색되고 싶다. 주님의 색깔로 칠해진 신자가 되고 싶다. 주님을 만난 간증이 내게 있을 것 같다...

비가 오면 냄새가 나는 곳

장마 탓인지, 며칠동안 계속 비가 내려 마음이 울적하다. '비가 오면 집에 가서 빈대떡이나 붙여먹지...'라는 노래처럼, 비 오는 날에는 기름진 것이 생각난다. 그래서인지, 비 오는 날에는 로빈스 도넛(Robins Doughnut) 주차장에는 차가 많다. 이곳 사람들도 크게 다르지 않은 모양이다.

교회당에 들어가니, 평소에는 맡을 수 없는 비 오는 날 특유의 퀴퀴한 냄새가 난다. 비가 오는 날이면 영락없이 나는 이 퀴퀴한 냄새는, 우리 교회당 건물이 꽤 오래되었음을 간접적으로 설명해 준다. 처음에 우리 교회당에 들어왔을 때도 그랬는데, 그 동안 건물이 오래 되었다는 것을 잊고 지냈나 보다...!

바울은 고백했다. '항상 우리를 그리스도 안에서 우리를 이기게 하시고, 우리로 말미암아 각처에서 그리스도를 아는 냄새를 나타내시는 하나님께 감사하노라. 우리는 구원 얻는 자들에게나 망하는 자들에게나 하나님 앞에서 그리스도의 향기니...' (고후 2:14-15) 그리스도를 아는 냄새를 나타낸다고 했다. 매일매일 부딪히는 크고 작은 일 가운데서 냄새를 풍긴다는 말이다.

그 부딪히는 일을 통해서 예수 믿는 사람임을 나타낸다는 것이다. 그런데 교회당에 안에서, 혹은 한인 공동체 안에서, 혹은 사람들과의 만남에서 예수 믿는 냄새보다는 예수 안 믿는 냄새를 내는 때가 얼마나 많은가?

그 냄새를 감추고 살려고 애쓰는 적이 얼마나 많은가?

마지막 죽음의 자리에 설 때도 냄새를 풍기지 않으려고 애 쓸 것인가?

비가 오면 우리 교회당은 냄새가 난다.

자신이 낡았다는 것을 그렇게 표현하곤 한다. 내 앞에 닥치는 문제들 앞에서, 내가 그리스도인이요, 하나님의 자녀라는 냄새를 여지없이 풍기고 싶다. 그렇게 훈련된 참된 그리스도인의 길을 걷고 싶다. 주님께서 인정해 주는 향기 나는 삶을 살고 싶다.

오늘의 운세

한국 신문에 나오는 '오늘의 운세'를 간혹(정말 간혹이다) 읽는다. 2월 8일(음력 1월 4일)의 운세를 보니, '즐거운 일이 생긴다; 일이 풀리기 시작한다, 만사가 형통하다…'는 내용이었다. 그런데 내 띠와는 상관없이 '금전 운이 아주 좋다'는 말이 유독 눈에 들어왔다. 이렇게 좋은 말들 중에 왜 이 말이 나의 시선을 끌었을까? 하는 것이었다. 돈을 좋아하는 사람이라는 말이다. 사람들은 목회자는 돈과는 거리가 멀어야 한다는 생각을 한다. 그 말이 옳다 그르다는 판단을 떠나서, 하나님을 더 사랑해야 한다는 뜻이다. 그러나 목회자만 그래야 하는 것은 아니다. 모든 사람이 돈과는 거리가 멀어야 한다. 성경은 '돈을 사랑함이 일만 악의 뿌리가 된다'(딤전 6:10)고 했고, 주님도 '하나님과 재물을 겸하여 섬길 수 없다' 말씀하셨기 때문이다. 언젠가 제주도에 신혼여행을 온 신학교 동기생이 했던 얘기는, '김건이는 청교도처럼 살 줄 알았는데, 와 보니 그렇지 않다.'고 했다. 신학교 시절에 동기생들은 나를 그렇게 인식하고 있었다.

사람은 누구나 '금전'에는 약하다. 그래서 혹자(或者)는, 신앙인들이 가장 경계해야 하는 것으로 배금주의(Mammonism)를 들었다. 하나님이냐 돈이냐...?라는 질문을 받는다면 어떻게 해야 하는가? 둘 다 버릴 수는 없다. 그러나 둘 다 섬길 수도 없는 것이다. 이 말은, 둘 다 인간생활과 밀접한 관계가 있지만, 둘 다 예배의 대상이 될 수는 없다는 말이다. 예배의 대상은 오직 하나님뿐이다. 신앙인이 십일조를 드린다는 것은, 그런 의미에서 중요한 신앙고백이 되는 것이다.

이렇게 말하면서도 나는 '금전 운이 좋다'는 말을 들으면 여전히 가슴이 설레는 속물이다. 속물이 아닌 척 하고 살지만, 하나님께서 보시기에는 여전히 부족하기 짝이 없는 속물이요, 우리 신앙의 선배, 청교도들의 삶을 닮아야 한다고 애기하면서도, 아직도 멀리 있는 속물이다. 그래서 나는 기도한다. '제게 물질을 주시되, 내 욕심을 위해 쓰지 말게 하시며, 그 주신 것으로 주님의 뜻을 이룰 수 있는 지혜도 아울러 주십시오' 물질만 얻었다가, 패가망신(敗家亡身)하는 신세가 되고 싶지 않기 때문이다. 그러면서도 나는 여전히 '금전 운이 좋다'는 말을 좋아한다.

크기와는 상관없이

우리 교회 전도사님이 운영하는 상점에 가면, 고기도 썰고 치즈도 썰고, 또 햄도 써는 기계가 있다. 그것은 영업용이기 때문에 아주 크다. 그것으로 고기나 치즈 등을 자르면, 부드럽게 썰어진다. 또 스위치를 켜기만 하면 자동으로 톱날이 돌아가기 때문에 편리하기도 하다. 우리 집에도 그것과 비슷하게 생긴 기계가 있다. 그런데 우리 것은 스위치를 계속 누르고 있어야만 톱날이 돌아가는 구조라서 조금 불편하다.

며칠 전에 기계를 분해해 청소하면서 집사람에게 '전도사님 가게에 있는 기계도 쓰고 나면 이렇게 청소를 해야 하는가?' 라고 물었더니 '그렇다'고 대답했다. 항상 가게 문을 닫을 시간이 되면 청소를 한다고 했다. 난 작은 것만 청소를 해야 되는 줄 알았다. 큰 것은 청소할 필요가 없는 것으로 생각했다. 겉만 보고 그렇게 생각했던 것이다.

사람은 다 똑같다. 그러나 그 사람의 배경이 남보다 괜찮을 수는 있다. 머리가 출중해서, 남보다 소위 '출세'라는 것을 했을 수 있다. 재능이 있어서, 그 재능으로 남보다 조금 앞서갈 수 있고, 그런 것들로 인해 남보다 문화적으로 편하게 살 수 있는 물질을 소유할 수도 있다.

그러나 그런 사람들이라고 해서 하나님과 관계를 맺지 않고 살수는 없다. 그런 사람도 병들기도 하고, 나이 들어서 주름살도 생기고 죽기도 한다.

하나님의 은혜 없이는 살 수 없다는 말이다. 그런 사람도 하나님 앞에 무릎을 꿇어야 하고, 그런 사람도 예수님을 만나야 한다. 그런데 그러지를 못한다. 하나님 없이도 살 수 있다고 생각한다. 그래서 성경은 말하는가보다. '부자가 천국에 들어가는 것이 약대가 바늘귀로 들어가는 것보다 어렵다'

작은 기계만 청소를 해야 하는 것은 아니다. 큰 것도 청소해야 제대로 쓸 수 있다. 가진 것 없는 사람만이 하나님을 찾는 것이 아니다. 가진 사람일수록 더욱 하나님을 찾아야 한다. 사람은 누구나 하나님 앞에서 똑같기 때문이다.

나는 때로는 '너무 작아서 아무 것도 할 수 없다…'는 생각을 한다.

다른 사람과 비교해서…; 다른 교회와 비교해서…

그러나 그건 아니다. 크기와는 상관없이 우리 모두는 하나님 보시기에 귀한 존재이기 때문이다.

사랑 – 날마다 새로워야 하는 것

한 열흘쯤 전에 겪었던 일이다. 교회당 앞에 차를 세워놓았다가 주차금지로 딱지를 떼이고 말았다. 15일 안에 납부하면 50%를 깎아준다기에, 경찰서를 찾아갔다. 이전에 어떤 분의 주차금지 벌금 심부름으로 갔을 때는 경찰서가 시내 중심가에 있어서 불편했던 걸 생각해 집근처의 경찰서를 찾았다. 지도에 표시된 주소대로 경찰서를 찾아갔지만, 그곳은 경찰서가 아닌 일반 사무실이었다. 가서 물어보니 경찰서는 2년 전에 다른 곳으로 이사했다고 했다. 그리고 보니 내가 가지고 있던 지도는 4년도 더 된 낡은 것이었다. 4년 전의 지도를 가지고 2년 전에 이사 간 경찰서를 찾으니 당연히 찾을 수 없었던 것이다. 1시간을 돌다가 이사 간 곳을 찾아가서 겨우 납부할 수 있었다.

성경에 '하나님의 인자하심이 아침마다 새롭다.'는 말씀이 있다. 그걸 가리켜서 하나님의 성실하심이라고 했다. 이걸 바꾸어 생각하면 「아침마다 새로워지지 않으면 성실한 것이 아니라...」는 말도 된다.

오늘 우리가 살아가는 세상의 많은 문제는 불성실한데서 출발한다. 불성실한 이유가 무엇일까? 옛날의 지도 (그건 과거 자신의 오래된 사고방식/자기 고집/자기 경험/자기중심주의를 가리킨다)를 들고 길을 찾으려고 하기 때문이다. 가야할 길은 멀고, 목적지는 보이지 않고... 주변 환경으로 인해 일이 꼬이고, 그러다 보니 짜증이 나고 원망이 생기면서 삐걱거리게 되는 것이다. 나와 주님과의 관계에서도 그런 현상이 나타나곤 하는 것은, 과거에 버렸어야 할 내 고집이나 욕심으로 인한 것이란 생각이 든다. 나와 내 가족들과의 관계가 오랜 시간이 지나면서 신선함을 잃어 가는 것은 아닌가... 하는 생각도 든다. 나와 우리 교회와의 관계가 시간이 지나면서 색이 바래가고, 처음의 다짐했던 열정이 식어가고, 되는대로 대충대충 지내려는 타성에 빠져가는 것은 아닌가... 하는 자책감도 생긴다. 나 자신의 직분과 책임에 대해서도 성실하지 못한 태도를 가진 것은 아닌가.. 하는 생각이 든다.

그러나 이젠 그렇게 "생각만 드는 모습.."으로 지낼 수는 없다. 성실하신 하나님 앞에, 성실한 사람으로 섰으면 좋겠다. 이를 위해서 주님을 더욱 가까이해야겠다.

더욱 가까이...

자존심 이야기

　며칠 전에 작은 아이가 머리가 아프고 열이 있다며 '학교에 갈 수 없다...' 는 말을 했다. 학교는 무슨 일이 있어도 가야한다고 어려서부터 세뇌(?)되었 던 탓으로, 아픈지 직접 확인하기 위해 이마를 만져보니, 별로 열이 없는 것 같았다. 그래도 아프다는 말을 듣고 하루를 쉬게 했다. 그날 내내, '아프지도 않은 녀석이 괜히 학교를 빠졌다'며 아들에게 핀잔을 주었다. 그러나 그 다 음날부터 내 몸에 이상이 오기 시작했다. 열도 나고, 머리도 아프고, 온 몸이 쑤셔댔다. 만사가 귀찮아지면서, 아무 것도 하고 싶지 않았다. 그러면서 아 들 생각이 났다. 「얼마나 서러웠을까? 얼마나 아빠가 원망스러웠을까?」 하 는 생각이었다. 그래도 아직 아들에게 '미안하다'는 말은 하지 않았다. 아빠 로서의 자존심 때문이었다.

　사람은 자존심을 세울 때나, 아니면 자존심을 접어야 할 때를 막론하고, 자존심을 포기하지 못한다. 아니 포기하지 않는다. 그만큼 '존재에 대한 본 능'이 강하다고 할까? 살아 있고 싶다... 반대로 말하면 죽음을 두려워한 다...는 뜻일 게다. 그래서 가까웠던 친구와, 형제와, 배우자와 갈라서는 한 이 있더라도 자존심만큼은 지키려고 하는 것이다. 여기에서 우리 사람의 본질에 대한 생각을 하지 않을 수 없다(창 27 '여호와 하나님이 흙으로 사람을 지으시고 생기를 그 코에 불어넣으시니 사람이 생령이 된지라'). '사람의 근본은 흙 (영어로는 dust)이며, 하나님의 생기가 없었다면 존재할 수조차 없다는 말 이다. 사람의 자존심은 하나님께로부터 왔다는 뜻이기도 하고, 그런데 우 리 자존심의 뿌리이신 하나님께서 자존심을 꺾은 사건이 있었다. 골고다 언덕의 십자가가 바로 그것이다. 주님께서는 하나님의 일을 위해 자기 자존심을 꺾으셨다.

이런 얘기를 들을 때가 있다. '먼저 사과하거나 용서를 구하면, 아이들 버릇이 나빠진다...; 사회 질서가 어지럽혀진다... 따라서 함부로 사과를 하면 안된다...' 맞는 말이라고 생각한다. 그러나 다른 한편 생각해 보면 먼저 손을 내미는 것처럼 용기 있는 행동도 없을 것이다. 오늘 우리 작은 아들에게 먼저 손을 내밀려고 한다. 거기 주님의 사랑의 마음을 담아서...

돈도 없고 빽도 없지만

가까이 지내던 친한 목사님 한 분이 있다. 그 목사님의 사모님은 늘 말없이 교회를 섬기셨는데, 여러 가지로 힘이 들었던 모양이다. 지난달에 감기 증상으로 입원하여, 사흘 만에 유명(幽明)을 달리하고 말았다는 소식을 들었다. 본인은 물론이었고, 의사도 그 원인을 알지 못했다고 했다. 이미 세상을 떠나고 난 후에 하는 말이지만, 그 사모님, 어려운 문제들이 있으면 가슴에 품고... 삭이곤 했다고 한다. 의사 말로는 사임이 「스트레스가 아니겠느냐...」고 했다는데, 이제 와서 이런 얘기를 하고, 저런 진단을 한다는 게 무슨 소용이 있을까?' 하는 생각이 든다. 그리고 '아직 아이들도 어린데 어떻게 하나...' 라는 걱정이 앞섰다. 소식을 전해준 친구가 했던 말은, '돈도 없고, 빽도 없는 우리들, 몸이라도 건강 합시다.'였다. 그렇다. 돈을 생각했으면 목사가 되지는 않았을 것이다.

「아골 골짝 빈들에도 복음 들고 가오리다...」 는 찬송을 부르면서 목이 메이지는 않았을 것이다. 세상이 찾는 빽을 원했다면 하나님 앞에서 목사가 되겠다고 하지도 않았을 것이다. 「나 주의 도움 받고자 주 예수님께 빕니다」 주님을 빽으로 삼겠다는 결심도 하지 않았을 것이다. 그런데 친구의 부인이 유명을 달리했다는 소식을 접하면서, 그리고 어린 자식들을 생각하면서 돈도 없고 빽도 없는 것이 서러워지기 시작했다. 세상을 보지도 말고, 좇지 말아야 한다는 주장을 포기하고, 세상과 타협하고 싶다는 생각이 고개를 쳐들었다.

아마 부인을 먼저 보낸 친구의 서러움은 이보다 더하면 더했지 결코 덜하지는 않았을 것이다. 그 친구에게 성경은 이렇고, 믿음의 도리는 이렇고, 말해줄 용기가 없었다. 그냥 같이 얼싸안고 울고 싶은 마음뿐이었다.

예수님은 가진 것이 없던 분이었다. 이건 우리도 가져서는 안 된다는 메시지는 아닐 것이다. 「뭔가를 많이 소유하는 것」이 우리 인생의 목표가 되어서는 안 된다는 말일 것이다. 남보다 더 많이 갖고...; 누리고...; 떵떵거리는 것이 목표는 아니라는 말이다. 있어도 없는 것처럼...; 내 손의 것이 내 것이 아니라 하나님의 것임을 알기에 나누고 베풀면서 살라는 말씀일 것이다. '돈도 없고 빽도 없다...'면서 서러워하고 불평하기보다는 오늘 내게 있는 것이 무엇인가를 생각해 보려 한다. 거기서 바로 나눔이 시작될 수 있음을 알기 때문이다.

어머니, 보고픈 나의 어머니

오늘은 어머니 주일이다. 스물아홉 해전에 어머님이 운명하셨을 때는, 어머니 없으면 못 살 것 같아서 많이 울었었다. 너무 서럽게 울어서 곁에 있던 어른들도 울었고, 조문하러 왔던 친구들도 함께 울었었다. 장례식을 치르고, 하관 예배를 드릴 때도 울었다. 그리고 그렇게 며칠을 보냈다. 그런데 세월이 흐르면서, 어머님은 가족들이 모여 추도 예배를 드릴 때 생각나는 분이 되고 말았다. 형제들이 한식과 추석에 모이면 잠깐 잠깐 생각나는 분이 되고 말았다. 가족들이 모여 사진첩을 들추어 볼 때, 혹은 가족 가운데 결혼식에서 없으면 아쉬운 분, 잠깐 보고픈 분이 되고 말았다는 말이다. 그렇게 생각나고, 그렇게 눈물 조금 흘리고 마는 분으로 우리 인생에서 멀어지고 말았다.

내 생활이 바빠지니, 어머니보다는 자식들에게 더 관심을 기울이고, 어머님께서 내게 주셨던 사랑을 기억하기보다는, 내 자식을 사랑하는 일에 시간을 할애하게 된다. 사랑은 내리사랑이라고 하지만, 이건 너무한 게 아닌가... 싶을 정도로 어머님을 가슴 깊은 곳에 묻어두고 지내고 있다.

오늘은 어머니 주일이다. 그런데 이번 어머니 주일은 그렇게 어머님이 보고 싶을 수가 없다. 일년 내내 가슴 깊은 곳에 묻어두었던 어머님의 모습이 갑자기 떠오른다. 조국에 있는 가족들 보다 어머님이 더 보고 싶다. 이만큼 나이가 들었건만, 어머니 품에 안겨서, 지난 시간들을 얘기하고 싶다. 그리고 어머님의 따뜻한 마음을 다시 느껴보고 싶다. 이젠 그럴 수 없지만...

오늘은, 돌아가신 내 어머님이 더욱 더 보고 싶다.

그래도 나는 조선 사람

회의 참석차 썬더베이(Thunder Bay)를 방문했다. 대학의 기숙사 침대에서 잠을 자고, 아침에 일어나 모닝커피를 마신다. 샌드위치로 아침을 때우고, 만나는 사람마다 'Good morning...!' 영어로 아침 인사를 대신한다. 아침부터 저녁 늦게까지 영어가 모국어인 사람들 틈바구니에서 영어를 듣고 영어로 내 생각을 얘기한다. 그런데 문득 문득 위니펙이 그립고, 가족이 보고 싶고, 김치와 된장국이 눈앞에 삼삼하다. 이제 집을 떠난 지 이틀 밖에 되지 않았는데도 확실하게 느끼는 것은, 나는 한국 사람이라는 사실이다. 비록 백인이 이룩해 놓은 문명을 누리며 살고, 서양의 문화라는 숲에 둘러싸여 있지만, 나는 결코 백인이 아니라는 점을 깨닫는다. 내게 편안함을 주는 곳... 내가 쉼을 누릴 수 있는 나의 고향은 결코 여기가 아니라는 말이다.

나는 이민 1세라는 것 때문에 그렇다고 얘기할 수 있다. 이민 2세나 3세가 되면 결코 그런 그리움은 없을 거라고 말할 수 있을 것이다. 그래도 나는 분명히 안다. 그들에게 서양 문화가 익숙하고, 서양 음식을 더 좋아하고, 영어가 모국어 이상으로 편하다고 해도, 그들의 피부색은 여전히 한국 사람임을 말해준다는 것이다.

땅에 발을 붙이고 살면서, 이 땅의 문화를 즐기든지... 아니면 세속의 문화 속에 깊이 뿌리내리고 살든지 간에, 사람이 진정 쉼을 누릴 수 있는 고향은 결코 이 땅이 될 수 없다. 내게 안식과 평화를 주는 분 – 내가 '나의 주 나의 하나님'이라고 고백 할 수 있는 그분만이 진정한 쉼의 근원이 된다는 걸 깨닫는다. 그래서 하나님의 사람 욥은 '모태에서 적신으로 나왔고, 적신으로 돌아간다...'고 그의 고통 가운데서도 고백했던 모양이다.

그런데 나는 그렇게 깨달았던 사실들을 자꾸 잊어버린다. 이곳이 나의 고향인 것처럼, 여기에 매어 달리고, 여기에 투자하려 하고, 여기에 집착하는 모습을 볼 때가 있다. 이민 1세의 자리에서, 이민 2세의 자리까지 내려서기도 한다. 그렇게 고향이 낯설고, 그렇게 내 피부색이 낯선 자리까지 내려가 버린다. 그런데 오늘 문득, 이곳 연회가 열리는 Thunder Bay의 한구석에서, 고향이 그립고, 가족이 보고 싶고, 김치와 된장국이 못 견디게 먹고 싶다는 생각이 들면서 나는 분명히 한국인임을 깨닫는다. 그리고 나의 「쉘터」는 어디에 있는지도 깨닫는다.

집을 멀리 떠난 자리에서, 나의 고향이신 그분 – 하나님께 다시 눈을 돌린다.

드라마 올인의 현장에서 만난 하나님

한국 방문중에, 시청률 1위를 달리던 「올인」이라는 드라마를 촬영했던 제주도의 「섶지코지」라는 곳을 찾았다. 많은 신혼부부들... 관광객들이 '올인의 현장'을 찾는 모습이 보였다. 「올인」의 현장에서 가장 먼저 관광객을 반기는 것은 장사꾼들이었다. 차를 세워놓고 조금 올라가니, 드라마에서 보았던 성당과 주연 배우들의 사랑과 꿈의 소재가 되었던 '하얀 집'이 보였다. 바로 그곳에서 두 사람의 사랑이 맺어졌다. 그런데 성당도 또 하얀 집도 모두 촬영을 위한 세트였다. 성당도, 신부님이 계셔서, 주일이면 미사가 집전

되는 진짜가 아니었고, 하얀 집도 그 안에 들어가 살 수 있는 진짜가 아니었다. 그런데도 그 성당과 하얀 집을 보면서 시청자는 드라마에 깊이 빠져들었고, 감동을 받았다. 성당과 하얀 집에서 눈을 돌려 바다를 보았다. 제주도 특유의 옥색의 바닷물, 말로는 표현할 수 없는 기기묘묘한 바위들이 거기 보였다. 관광객들은 「올인」의 촬영 현장을 보기 위해 그곳을 찾았다. 그러나 꾸며진 「올인」의 현장보다는 바다와 바다에 솟아오른 바위를 배경으로 연신 카메라의 셔터를 눌러댔다.

모든 게 사람이 꾸민 아름다움이었다. 그것도 귀하고 아름답다.

그런데 조물주가 만든 아름다움을 경험한 사람은 더 이상 사람이 만든 것에 관심을 갖지 않게 된다. 더 좋은 것, 아니 훨씬 좋은 것이 무엇인지를 알기 때문이다. 그런데도 사람들은 끊임없이 자기들만의 아름다운 것을 이루기 위해 애쓰고 경쟁한다. 그걸 선전하고, 그걸 추구해야 한다고 주장한다. 사람들의 눈길을 끌어들이기 위해 안간힘을 쓴다. 주 예수보다 귀한 것이 있다고 주장한다. 그것을 얻기 위해서, 자녀들의 손에 그것을 쥐어주기 위해서 이리저리 뛰어 다닌다. 그러나 그것은 사람이 만든 세트에 불과하다. 우리 앞에는 하나님께서 만드신 작품들이 펼쳐져 있다. 우리는 그 솜씨를 자랑하도록 부름 받은 사람들이다.

이제는, 사람이 만들어놓은 세트에서 눈을 돌려 하나님께서 만들어 놓은 세트를 봐야겠다.

그리고 그 영광이 얼마나 큰지를 다시 봐야겠다.

그 아름다움을 맛보기 위해서…

그리고 나누어주기 위해서…

분주함 가운데 느끼는 사랑

한국을 방문했던 가족들이 한달 여 만에 돌아왔다. 한 달 전에 혼자 집에 들어오니 '텅...!' 빈 것이 너무 싫다는 느낌을 받았었다. 그래도 좋은 게 무엇인가를 생각했었다. 첫째, 공과금이 많이 나가지 않는 게 좋았다. 수도세, 전기세, 둘째는 집안이 깨끗한 게 좋았다. 화장실도, 샤워하는 욕조도, 세탁실도, 아이들 방도, 거실도 모두 깨끗했고, 쓸고 닦고 하는 수고가 줄어들어 좋았다. 그리고 쓰레기가 많지 않아서 좋았다. 셋째, 한 가지 일에 집중할 수 있는 게 좋았다. 내 일만 하면 되기 때문이었다. 그런데 엊그제 가족이 돌아오니 집안이 다시 분주해지기 시작했다. 아이들이 벗어 놓은 옷과 양말이 화장실 앞에 어지럽게 놓여 있었다. 샤워를 하고 난 후에 수건걸이에 수건이 그랬고, 아이들 책상이 그랬다. 그리고 집안이 소란스러워졌다. 그런데도 그게 싫다는 생각이 들지 않았다. 오히려 이게 사람 사는 맛이구나... 하는 걸 깨달을 수 있었다.

인생이 이런 게 아닌가 싶다. 혼자 살면 - 이건 그냥 혼자 산다는 뜻이 아니라, 자기 자신만 생각하면서 이웃의 형편을 고려하지 않고, 자기중심적으로 사는 인생의 모습을 의미한다. - 편할 수는 있다. 먹고 싶을 때 먹고... 일어나고 싶을 때 일어나고, 하고 싶은 일만 하고, 누구의 눈치도 보지 않고, 누구의 간섭도 받지 않고, 누구도 신경 쓰지 않고 살 수 있기 때문이다. '제멋에 산다!'는 말이 그런 뜻이 아닌가 싶다. 그러나 인생은 그게 아니다. 살다보면 부딪히는 일도 있다. 길을 가로막는 장애물을 만날 때도 있다. 바로 그런 때, 자기 자신만 생각하며 사는 사람은 불평을 할 것이다. 제도를 탓하고, 사람을 원망하곤 한다. 그러나 이웃을 생각하는 사람은 기다린다. 그 장애물 앞에서 자기 자신을 돌아보기도 한다. 분주해도, 눈앞에 지저분한 일이 있어도, 그걸 하나하나 처리해 나가면서 이 세상이라는 자기 인생을 아름답게 가꾸어가려고 한다.

사람은 처음부터 함께 살도록 지어졌기 때문이다.

가족이 돌아오니, 내가 조금 분주해져도 아주 좋다.

인생의 박자가 바뀔 때

우리 교회가 예배 중에 부르는 찬송 가운데 하나는 '주기도문 찬송'이다. 이 찬송은 처음에는 4/4박자로 시작하다가 9/8박자로 바뀐다. 그런데 대부분, 한 노래 안에서 박자가 바뀌어야 하는 이유를 잘 알지 못한 채로 부르곤 한다. 물론 전문적인 음악인 외에는 그 이유를 생각하면서 부르는 사람은 없지만, 재미있는 것은, 박자가 바뀌는 것에 이의를 달면서 '나는 부르지 않겠다…'고 말하는 사람이 하나도 없다는 점이다. 박자가 바뀌면 바뀌는 대로 그냥 따라 부르면서 하나님을 찬양하고 감동을 받는다.

평상시의 심장 박동수와 운동할 때의 심장 박동수는 차이가 있다. 평상시에 필요한 혈액과 산소의 공급량과 운동 시의 그것과는 차이가 있기 때문에 나타나는 현상이라고 한다. 누가 지시하지 않더라도, 우리 신체는 우리 신체의 필요와 조건에 따라 적절하게 자신의 몸을 조절해 가곤 한다.

사람이 세상의 이치를 다 알고, 지식이 충분해서 목숨을 부지하는 것이 아니다. 아무 것도 모르지만…, 혹시 안다고 해도 그 아는 부분이 극히 적지만…, 우리 몸이 알아서 적응해 주기 때문에 이렇게 산다는 걸 깨닫는다. 결국 우리에게 필요한 것은 '믿음'이라는 말이다. 지식도 필요하고…, 배움도 필요하지만, 그 바탕에는 믿음이 있어야 한다는 뜻이다. 그래서 주님께서는 「어린 아이와 같은 믿음」을 강조하신 모양이다.

우리 인생이 4/4박자로 시작되어서, 그렇게 4/4박자로 사는 것에 익숙해지면, 4/4박자만이 최고라고 생각할 수 있다. 그런데 중간에 9/8박자로 살아야 할 때가 있다. 거북이걸음으로 걷다가 조금 서둘러서 달려가야 하는 때도 있다. 경제적인 어려움, 갑작스레 수술을 받아야 할 때, 혹은 누군가를 먼저 떠나보내는 아픔들이 그것이다. 그렇게 문제에 봉착하면, 익숙하지 않아서 당황하게 되고, 이건 내 길이 아니라고 외면하고픈 생각이 들기도 한다. 그러나 인생을 노래라고 생각한다면, 그리고 그 인생의 노래를 아름답게 연주하기 위해서는 박자가 바뀌는 때도 있다는 것을 생각한다면, 박자가 바뀔 때에도 묵묵히 받아들이고 따라가는 것이 인생을 더욱 복되게 살아가는 비결일 것이다.

우리 인생을 위해 멋진 설계도를 만드신 분이 계시다. 천지를 지으시고, 사람을 지으시고, '보시기에 참 좋았다.' 말씀하시는 창조주 하나님 앞에, 지금 4/4박자에서 9/8박자로 바뀌는 혼란스러운 경험을 그대로 내어 맡겨야겠다… 생각한다. 더 아름다운 인생의 소리를 만들어가기 위해서…

신제품 인생, 중고품 인생

일전에 한국에 다녀오면서 중고 노트북 컴퓨터 하나를 얻었다. 오늘 길에 정리할 서류가 있어서 컴퓨터 전원 스위치를 눌렀더니 금방 전원이 나가면서 꺼지고 말았다. 건전지를 충전시켜서 가지고 왔기에, 무슨 고장이 아닌가...? 걱정이 되었다. 건전지 충전을 확인해보니 100 %로 충전이 되어 있어서, 다시 전원 스위치를 누르고 작동하는 중에 다시 전원이 나가면서 꺼지고 말았다. 할 수 없이, 공항의 전원에 연결시킨 후에 사용하니, 아무런 문제가 없었다. 중고 컴퓨터라, 건전지의 수명이 다 된 걸 모르고 사용하다가 당황했던 것이다.

우리 인생은 제한적이다. 70년, 80년, 조금 더 살면 100년을 산다고 해도, 언젠가는 떠나는 것이 인생이다. 싱싱한 젊음을 자랑하던 사람들이 어느 날 갑자기 사고로, 혹은 원치 않는 질병으로 생을 마감했다는 얘기를 듣는다. 그렇게 제한적인 인생임을 알면서도, 자신의 한계를 인정하기 싫어서, 혹은 받아들이고 싶지 않아서 잊고 싶어 하는 것이 우리 인생이기도 하다. 아무리 많은 걸 가졌다고 해도 수명이 다하면 빈손으로 갈 수 밖에 없다. 예수께서 말씀하셨다. "내가 곧 길이요 진리요 생명이니 나로 말미암지 않고는 아버지께 올 자가 없다..." 우리 인생은 제한적이다. 여기서 예수를 믿는다는 것은, 우리의 제한적인 전원을, 영원히 끊어지지 않는 하나님의 전원에 연결시킨다는 뜻이다. 그렇게 우리 삶에 비어있는 부분을 채우고 또 채우면서, 다시는 마르지 않는 영원한 생명의 길로 들어서게 되는 것이다.

한국에 있는 친구가 새 건전지를 보내주었다. 이젠 충전만 하면, 충전되어 있는 시간만큼은 어디에서나 컴퓨터를 사용할 수 있게 되었다. 그러나 그것도 시간이 지나면 그 수명이 다할 것이다. 그래서 되도록이면 집의 전원에 연결하여 사용하곤 한다. 건전지를 오래 오래 사용하고 싶어서... 내가 약한 것을 알기에, 그리고 나의 수명이나 능력이 제한적임을 알기에, 되도록 주님을 더 의지하는 것도 이와 같은 게 아닐까? 가능하면 더 자주, 가능하면 더 많은 시간을 그분과 함께 보내는 것이 말이다.

언제고, 원하면 일할 수 있는 일꾼이 되는 길이라 생각한다.

준비된 재목(材木)

어제 아침(2003년 6월 12일), 나의 처형이 마지막 숨을 내뱉고는 주님 품에 안겼다. 1년여 병상에서 누워 신음하면서도 소망을 잃지 않았었는데, 군에 있는 아들과 이제 대학을 졸업한 딸을 두고 이젠 주님 품에서 안식하고 있을 처형을 생각하면, 그의 지난 세월의 아픔과 외로움이 생각나서 울지 않을 수 없다. 애써 눈물을 삼켜도, 눈시울이 붉어지는 것마저 숨길 수는 없다. 임종 예배를 드리고 난 후에, 고인이 편안해 했었다는 말을 들으면서, 주님을 섬기던 여종을 인도하시는 하나님의 손길을 볼 수 있었다. 오늘 입관예배를 드리는 중에, 목사님께서 이런 말씀을 하셨다.

"남에게 해를 끼치지도 않았고, 성실하게 신앙 생활하던 여종을 왜 불러가셨을까...?"라고 묻는 사람들에게, 이렇게 답하고 싶다는 말씀이었다. "교회 사회봉사관을 지으면서 유심히 살펴보니, 공사장에 야적해 놓은 재목들 가운데 매끈하고 곧은 것을 먼저 골라 사용하더라..." '준비된 것을 먼저 쓰는 것은 상식...'이라는 말을 목사님은 설교 중에 덧붙였다. 그 말을 듣는 순간, 이제 하나님께서 여종에게 쉼을 주셨다는 걸 알 수 있었다. 비록 헤어지는 아픔과 슬픔이 없지는 않지만, 이젠 고통도 없고, 외로움도 없는 곳에서 안식하는 여종을 생각하면서 오히려 나 자신이 위로가 되었다.

나도 언젠가는 떠날 것이다. 매끈하게 준비된 재목이 되어, 하나님의 부르심을 받을 준비를 갖추어야겠다는 생각이 든다. 떠나는 그 시간에, 떠나는 그 모습을 통해서 나를 아는 모든 분들에게 '주의 사랑'을 전하고 싶다는 생각이 든다.

장례식장에 모셔 놓은 고인의 영정을 보니, 안식하고 있을 여종을 생각하면 위로를 받으면서도, 한편 눈물이 앞을 가린다. 아직은 땅에 발을 붙이고 사는 존재임을 확인하게 된다.

2

둘째이야기 : 교회 이야기

'내가 너희를 사랑한 것 같이 너희도
서로 사랑하라' (요 13:34)

입술과 치아

사람에게 있는 의식의 세계와 무의식의 세계를 분석해 보면, 의식세계가 점유하고 있는 영역이 무의식의 세계의 그것보다 많이 제한되어 있다고 한다. 무의식의 세계가 의식의 세계를 지배한다는 뜻일 것이다. 며칠 전, 음식을 먹다가 입술을 깨물었다. "괜찮겠지..." 싶었는데, 그것이 조금씩 덧나는 것 같더니, 입안이 노랗게 헐어서 양치질하기도 힘들고, 음식을 먹을 수 없을 정도로 아팠다. 이건 분명히 실수로 벌어진 일이다. 입술이나 치아는 다 한 몸이다. 그것도 멀리 떨어져 있는 한 몸이 아니라, 한시도 쉬지 않고 어깨동무를 같이하고 있는 한 몸이다. 내 몸의 모든 것을 주관하고 있는 두뇌가 입술을 깨물라고 명령하지도 않았고 이빨도 그런 의도가 없는 것은 분명하다. 그러기에 이빨이 입술을 깨물었던 것은 실수임에 틀림이 없다. 그러나 그것이 실수라고 해서, 입술이 아픔을 겪지 않는 것은 아니다. 무의식적으로, 실수로 깨물었지만, 입술이 겪는 고통은 대단하다. 그리고 그것이 나을 때까지 고통은 끝이 없을 것이고.

사람들이 함께 사는 공동체에서도 이런 일을 겪을 때가 있다. "나는 전혀 그럴 뜻이 없었는데, 오히려 나는 더 좋은 분위기를 만들려는 뜻을 가지고 있었는데…" 그러면서, 말로, 혹은 행동으로, 혹은 몸짓으로 입술을 깨물고 입술에게 고통을 주는 때가 있다. 그것은 분명 실수다. 바로 이런 때, 교회 공동체는 어떤 태도를 취해야 할까? 입술의 편을 들어서, 이빨을 공격하고 깎아 내리는 것은 올바르지 않다. 입술의 아픔을 치유해 가면서 (그 기간이 얼마가 걸리든지 인내로서 그를 달래고 위로하면서), 다시는 이빨이 범한 실수를 범하지 않도록, 경계에 경계를 더하는 것이 옳은 태도이다. 이러한 때일수록, 편안하게 자기 일에 봉사할 수 있도록 돕는 따사로움이 필요하다. 입술을 깨무는 실수를 범하고 난 후에야, 내 가까운 형제의 아픔을 생각하는 우둔함이 다시는 내게 없기를 소원하면서, 이런 소원이 우리 교회 식구들 모두의 마음이 되었으면 좋겠다는 생각이 든다.

다양성 속에서의 일치

사람마다 문제를 해결하는 방식은 다르다. 똑같은 문제에 직면했을 때, 갑이라는 사람은 갑의 방식으로 처리하는 것이 익숙한 반면, 을이라는 사람은 그 문제를 을이라는 방식으로 접근해서 풀어나가곤 한다. 그리고 둘 다 자신의 방식이 최선이라고 주장한다. 그렇지만 객관적으로 보면, 둘 다 최선이 아닐 수도 있고, 둘 다 최선일 수도 있다. 나는 입안에 염증이 생겨 자주 고생을 한다. 그럴 때마다, 음식도 제대로 먹을 수 없고, 양치질도 제대로 할 수 없다. 더군다나 설교자로서 말을 제대로 할 수 있는 것도 아니어서, 나 자신은 물론이고, 다른 사람들에게까지 심려를 끼치게 되니 미안하기 짝이 없다. 이럴 때, 나는 아픈 것 때문에 조심스럽게 양치질을 하고, 음식을 먹어도 주의하며 먹는다. 이것이 문제를 해결하는 내 나름대로의 방식이다.

그런데 을(乙), 병(丙), 정(丁)의 사람들은 나와는 다르게 행동한다. 아프니까 빨리 나아야 하고, 그러기 위해서는 아픈 부분에도 사정없이 칫솔을 들이밀고, 음식물도 그 부분에 집어넣어 자극을 주어야 한다고 생각하는 사람이 있다. 물론, 아프니까 조심스럽게 다루어야 한다는 사람이나, 아프니까 빨리 낫게 하기 위해서, 똑같이 다루어야 한다고 주장하는 사람 모두가 옳다. 이 두 종류의 사람은 모두 '낫는 문제'를 생각하고 행동하기 때문이다.

하나님의 교회라는 공동체도 다양한 사람이 다양한 모습으로 섬기면서 하나를 이루어 가는데, 문제를 끌어안고 아파하는 한 사람에 대한 행동이 같을 수 없음을 알아야 한다. 다 내 방식으로만 접근해야 옳다는 주장은, 나와 이름도 같고 성도 같고, 취미도 같고, 기호 식품도 같아야 한다고 주장하는 어리석은 사람이다. 우린 서로 다르다. 그러나 마음은 하나이다. 문제를 끌어안고 아파하는 사람을, 갑이라는 사람은 따뜻한 말로 다독거리면서 힘을 주려고 하지만, 을이라는 사람은 야단치면서 격려할 수 있음을 알아야 한다. 다 아파하는 사람을 아끼고 사랑하는 마음의 표현임을 알아야 한다는 것이다. 그것이 신앙의 사춘기를 지나서 철이 들어가는 모습이요, 그것이 예수님의 마음을 닮아 가는 것이다. 거기에서 하나님 편에 서서 일하는 법을 배우게 될 것이다.

쓰레기통의 자리 (마태복음 9:37-38)

「Garbage Blue Box Day No.3」 - 우리 동네 쓰레기를 수거해 가는 날이다. 얼마 전까지는 다섯째 날이었는데, 며칠 전부터 셋째 날로 바뀌었다. 자원 재활용을 위한 Blue Box, 그리고 필요 없는 쓰레기 처리를 위해 몇 집 건너 하나씩 있는 커다란 쓰레기통을 뒤뜰에 나갈 때마다 무심코 쳐다보곤 한다. 정말 「무심코 쳐다본다...」는 말이 적절한 표현일 것이다. 자주 이용하는 것이지만, 별로 관심을 기울이지 않기 때문이다. 나아가서 그 커다란 쓰레기통의 뚜껑이 열리는 것도 좋아하지 않고, 가까이 가는 것도 좋아하지 않는다. 그 속에는 (과거에는 어땠는지 모르지만) 이제는 내게 불필요한 것들이 들어있기 때문이며, 거기에서 풍기는 냄새가 싫기 때문이다. 그래서 손에 닿을세라 조심스럽게 뚜껑을 열고 닫으며, 쓰레기를 버리곤 한다. 그렇지만 그것이 없다고 생각해 본적은 없다. 그것이 내게 필요 없다고 생각해본적도 없다. 비록 가까이하기는 싫지만, 깨끗한 분위기를 유지하기 위해서 반드시 있어야 하는 것이며, 그것을 부정할 사람은 아무도 없다. 그럼에도 불구하고 많은 사람들은 그것을 관리하는 일은 좋아하지 않는다.

한해를 보내고 또 한해를 맞이하면서 목회자들이 갖는 고민은, 올해를 섬길 일꾼을 세우는 일과, 그들을 적재적소에 배치하는 일이다. 하나님의 백성들이라면 누구나, 그런 고민을 부분적으로나마 같이 짊어진다고 믿는다. 그런데 많은 경우에, 일꾼이 되는 것도 꺼리고, 필요한 자리에 세워지는 것도 원하지 않는다. 일꾼이 필요 없다는 생각 때문일까? 교회는 하나님의 것이니, 일꾼이 없어도 자동적으로 유지될 것이라는 믿음(?)이 강해서일까? 그건 아니다. 일꾼 되기를 꺼리는 이유는, 귀찮기 때문이다. 궂은일을 맡아서 해야 하기 때문이다. 그렇게 궂은일을 하면서도 인정받지 못하고, 오히려 손가락질을 당하기 때문이다. 아무도 쓰레기통이 되고 싶지 않다는 얘기다. 그것이 꼭 있어야 함에도 불구하고, 그것이 없으면 내가(우리가) 큰 불편을 겪는다는 것을 알면서도 주님께서는 말씀하셨다. "추수할 것은 많되 일꾼은 적으니 그러므로 추수하는 주인에게 청하여 추수할 일꾼들을 보내어 주소서 하라." 주님도 일꾼이 부족함을 한탄하셨다. 1999년의 우리 교회는, 일꾼을 만들어 가는 교회, 일할 사람이 넘치는 교회가 되기를 바란다.

말(言)

캐나다에 처음 왔을 때, 작은 아들은 제주도 방언을 했다. '봉갔다 (뭔가를 주웠다); 딸기밭에 충(蟲)이 있다; 우테 (위에)'와 같은 말을 쓰곤 해서, 사람들이 무슨 뜻인지를 물어 보곤 했다. 그런데 지금은, 제주도 방언은 물론이고, 표준말을 쓰는 것도 서투르다. 쓰지 않기 때문에 잊어버리고 만 것이다. 말이란 쓰지 않으면 잊기 마련이고, 그러다 보면 그 정신마저도 조금씩 사라지게 된다. 그래서 일제치하에서 창씨개명과 조선어 사용하는 것을 금한 것이다. 소위 '황국신민'을 만들기 위해서...

그리스도인이 되었다는 것은, 하늘나라 백성이 되었다는 뜻이다. 누가 뭐라고 해도, 하나님의 아들딸이 되었다는 사실은 변하지 않는다. 성경은 "내가 어렸을 때는 말하는 것이 어린아이와 같고 깨닫는 것이 어린아이와 같고 생각하는 것이 어린아이와 같다가 장성한 사람이 되어서는 어린아이의 일을 버렸노라." 증거 한다. 이건 변해야 한다는 뜻이다. 자라야 한다는 뜻이다. 이전 습관들을 버려야 한다는 뜻이다. 그런데 많은 그리스도인이 아직도 어린아이의 일을 버리지 못하고 있다. 아이처럼 어리광을 부리고, 아이처럼 떼를 쓴다. 아이처럼 자기만 알아달라고 소란을 피우고, 아이처럼 다른 사람의 아픔을 돌아보지 못한다. 한마디로 이전 습관을 즐기고 있다는 말이다. 하나님의 자녀로 창씨개명을 했으면, 하나님의 자녀로서 자랑스러워야 하는데, 전혀 그런 기미가 보이지 않는다. 하늘나라 백성이면 이전의 사용하던 거친 언어나 말솜씨도 사용하지 말아야 하는데, 여전히 (?) 그것도 능숙하게(?) 세상의 언어들을 사용한다. 말에는 정신이 있다고 했는데, 어느 자리에 하나님 나라의 정신이 자리 잡을 수 있을까? 하나님 나라의 아름다운 언어가 잠시 들렀다가 거할 곳을 찾지 못하고 그냥 떠나 버리는 경우가 비일비재할 것이다. 무엇 때문에? 바로 우리의 언어생활에 문제가 있기 때문이다. 오늘 한번 우리들 자신을 곰곰이 돌이켜보자. 오늘 (요즘) 내가 사용하는 말에 문제점은 없는가? 내 남편, 아내, 자녀들에게 사용하는 언어는 어떤가? 친구들과 만났을 때는 어떤가? 자주 사용하지 않으면 다시 쓸 때는 어색하기 마련이고, 그러다 보면 잊혀질 것이다. 그러면서 조금 더 예수님 앞에 가까이 서는 작은 예수가 되지 않을까? 작은 예수가 되는 훈련이 아쉽다.

누구나 어린 시절이 있었는데

옛날 한국에는 유리창 대신에 창호지를 붙인 문을 쓰곤 했었다. 철마다 그것을 떼어 내고 새창호지를 붙이는 것은 집안의 큰일 가운데 하나였는데, 그것을 붙이고 나면 집안이 훨씬 산뜻해짐을 느끼곤 했다. 그런데 어린이가 있는 집은 그 산뜻하고 깨끗한 느낌이 오래가지를 못한다. 손가락으로 구멍을 뚫고 찢어대는 바람에 견디어 내지를 못하는 것이다. 그래도 어른들은 '그렇게 구멍이 뚫리고 찢어진 곳에 사람 사는 맛이 난다...'는 말을 한다. 아이가 있다는 것은 생명이 있다는 말이기 때문이다.

지난주일 예배시간에 아이들이 울고 보채는 소리가 간간이 들렸다. 조용히 예배하는 시간에 들렸기에, 방해가 된다고 생각한 분이 있었을지 모른다. 나도 간혹 아이들 소리로 인해서 집중하지 못할 때가 있다. 그런데 지난 주일은 조금 달랐다. 내게 그 소리는 뭔가 답답했던 가슴에 시원함을 안겨주는 청량음료 같은 느낌을 주었다. 교회가 살아있구나! 하는 그런 느낌이었다고 하면 맞는 말일는지 모르지만, 정말 오랜만에 느껴본 신선함이었다.

그렇다. 사람 사는 사회는 많이 배우고 철이 든 사람들만이 사는 것은 아니다. 갓 태어난 신생아도 있고, 말썽을 피우는 장난꾸러기도 있으며, 인생의 종점 가까이에 이른 노인도 있는 것이다. 거기서 생명을 얻는 기쁨과 그 생명을 키우는 즐거움을 경험하게 되며, 한 생명을 먼저 보내면서 삶의 문제를 생각도 하게 되는 것이다.

교회도 그렇다. 아직은 조용히 예배드리는 것보다는 떠드는 일에 익숙한 아이 같은 사람도 있고, 갓 태어나서 교회 물정(?)을 모르는 갓난아이 같은 사람도 있다. 창호지를 곱게 바르는 사람도 있지만, 그렇게 곱게 바른 문풍지를 찢어대면서 어른들의 눈살을 찌푸리게 하는 사람도 있다. 하지만, 거기서 사람 사는 냄새가 나는 것이며, 거기서 생명의 활기를 경험할 수 있는 것이다. 물론, 늘 갓난아이로 머물러 있어서는 안 된다. 늘 철들지 않은 채로 문풍지를 붙이는 일보다는 찢는 일에 익숙한 전문가로 머물러 있어서도 안 된다. 하지만, 누구나 그런 과정을 거쳐서 어른이 된다는 사실을 잊지 말아야 할 것이다. 그렇게 찢는 사람을 나무라기 전에, 웃으면서 그들을 토닥거리는 마음의 여유를 가져 보자. 여기에서부터 주님을 사랑하는 법을 훈련하게 되는 것이요, 그 주님의 사랑이 차곡차곡 채워지는 공동체를 만들어 가는 것이다. 찢어진 문풍지를 보면서 미소 지을 수 있는 여유를 가진 교회가 되었으면 좋겠다.

어물을 덮어주는 공동체

오늘은 조금 부끄러운 이야기를 나누고 싶다. 누구나 그렇겠지만, 나 역시도 집에서 용변을 보는 것이 제일 편하다. 얼마 전에 집에서 용변을 보는데, 화장실에 휴지가 다 떨어지고 없었다. 이전 같으면 큰소리로 식구들을 불러서 휴지를 가져오라고 했을 것이다. 그런데 그날은 그럴 수 없었다. 하필 내가 화장실에 있는 그 시간에 손님이 찾아왔기 때문이다. 손님이 갈 기미는 보이지 않았고 정말 이러지도 못하고 저러지도 못하는 난처한 상황이었다. 결국 아주 오랜 시간을 고문(?)을 당하고 난 후에 그 곤경에서 벗어날 수 있었다.

왜 그랬을까? 식구들에게는 휴지를 달라고 큰소리 칠 수 있으면서도, 손님이 있는 곳에서는 왜 그렇게 하지 못했을까? 손님은 가족이 아니기 때문이다. 손님이 아무리 가깝고 친한 사이라고 해도 가족만큼 가까운 것은 아니기 때문이다. 때로는 소리 지르고 얼굴을 붉히고 성을 내면서도, 가족만이 주는 편안함이 있기 때문이다. 누구나 그럴 것이다. 가족들에게는, 화장실 아니라 그보다 더 부끄러운 상황에 있어도 도움을 청할 수 있고, 도움을 받을 수 있으며, 그것이 결코 부끄럽지 않다. 그리고 그런 것에 대해 가족들도 이상하게 생각하지 않는다. 그러나 손님은 다르다. 체면을 생각하게 되고, 행동거지 하나하나가 다 조심스럽다. 왜? 손님이기 때문이다.

가족과 손님의 차이. 하나님의 교회는 다 한식구요 한 형제다. 그런데, 그 사실에 대해 심각하게 생각하지 못하며, 그것을 감상적으로만 간직하는 사람이 많다. 결정적인 문제 앞에서는 늘 멀찍이 서서, 손님으로 왔다가 손님으로 가고 만다. 그래서 주님과의 관계가 그리도 서먹한가 보다. 주님께서 돕고 싶어도 담을 쌓아버리고, 주님께 도움을 구하는 것마저 부끄럽게 여기는 사람이 얼마나 많은가? 그렇게 기도의 담을 쌓아 가고, 그렇게 교인들 사이에 담을 쌓아 가는 것이 아닌가? 성경은 말한다. 그리스도인은 가족보다 더 가까운 한 몸이라고... 물론 가족 사이에도 예의범절은 지켜야 한다. 그러나 예의는 예의일 뿐, 허물없이 모든 것을 털어놓고, 서로 돕고 서로 의지하면서 아름다운 형제의 정을 실천해 가는 것이, 우리가 사는 곳에 하나님 나라를 소개하는 것이 아닐까? 막힌 담을 헐어버리는 사회를 만들어 가야겠다. 가족간의 정과 신뢰를 회복하는 공동체를 만들어 가야겠다. 스스럼없이 '휴지 좀 갖다 주세요' 말할 수 있는 공동체, 그것이 허물이 되지 않는 공동체로 만들어가야겠다.

 그리스도를 닮고자 하는 작은생각

세족식

지난 목요일(1일), 교회당에서 세족식을 했다. 세족식이란 예수께서 예루살렘에 입성하신 후에, 섬김의 본을 보이기 위해서 제자들의 발을 씻긴 사실(요한 13장)에서 유래하는 것으로, 고난주간이면 많은 교회에서 실시하는 하나의 프로그램이다. 발을 씻어주면서 교우를 섬기는 훈련을 하자는 것인데, 세족식을 할 때마다 나 자신이 먼저 진한 감동을 받곤 한다. 이번 세족식을 위해 예배당에 가기 전, 발을 깨끗이 닦았다. 평소에는 대충 땀만 닦고 말았는데, 그날은 그럴 수가 없었다. 아마 나만 그런 것은 아닐 것이다. 그날 예배에 참석했던 분들은 모두 나처럼 발도 닦고 정성껏 발톱 손질도 하고 왔을 것이다. 그래서인지, 그날 발을 닦을 때, 발들이 하나같이 깨끗했고, 별로 더럽다는 느낌이 들지 않았다.

그러나 2,000년 전에는 그렇지 않았다. 제자들은 그날, 뜻밖에 일을 당했던 것이다. 그들은 더운 날씨에 먼지를 뒤집어쓰고 다녔고, 그래서 그들의 발은 아주 더럽고 냄새도 났을 것이다. 예수께서는 그런 제자들 앞에 무릎을 꿇고 발을 닦아주셨다. 그 주님은 2,000년 전에만, 그런 식으로 자신의 사람들을 섬기지는 않으신다. 오늘도, 우리가 미처 예상하지 못한 방법으로, 우리가 미처 생각하지 못한 자리에서 우리의 발을 닦아주신다. "이럴 줄 알았다면 발이라도 씻고 있을 것을, 이럴 줄 알았다면 평소에 더 열심히 기도할 것을, 이럴 줄 알았다면 평소에 말조심 할 것을..." 계속해서 「이럴 줄 알았더라면...!」 하면서 후회의 한숨을 쉬는 것이 우리들이다. 예상치 못한 일을 당하면, 감추고 싶은 게 많고, 뒤로 물러서고 싶은 적이 많은 것이 우리들이다. 그러나 주님은 이런 우리들을 그대로 받아주신다. 아무런 말씀도 없이 우리의 허물과 수치를 가려주신다. 더럽기 때문에 닦아주신다는 것이다.

그리고 말씀하신다. "가서 너희도 이와 같이 하라!"

누구에게 「이와 같이 하라…」고 하셨을까? 우리가 발을 닦아야 할 사람들은 과연 어떤 사람들일까? 우리들이 섬길 사람들은 미처 섬김 받을 준비가 되어 있지 않다. 그들은 예의도 모르고, 감사할 줄도 모른다. 그래서 그들을 섬길 때에 자존심이 상할 수도 있고, 구미에 당기지 않아서 '괜히 섬기는 자리에 섰는가(혹은 괜히 예수를 믿었는가…; 괜히 직분을 받았는가…; 괜히 목사가 되었는가…?' 후회하는 마음이 들 수도 있다. 어쩌면 그러기에 더욱 섬겨야 된다고 말씀하셨는지도 모른다. 그러기에 그런 사람들을 우리들 주변에 붙여 주셨는지도 모른다.

오늘은 부활주일이다.

이 부활주일에 가장 기뻐할 수 있는 사람들은 누구인가?

예수님처럼 섬겼던 사람들일 것이다. 그분처럼 낮은 자리에 있던 사람들일 것이다.

예수와 더불어 죽음의 자리까지 갔던 사람들일 것이다. 적어도 예수님 편에 서 있던 사람들만이 예수님의 부활을 즐거워 할 수 있다는 말이다. 부활의 참 뜻을 맛볼 자격이 그런 사람들에게는 있기 때문이다.

부활주일 전의 한 주간, 나는 어떤 사람을 어떻게 섬겼는가를 돌아본다.

잘한 일 ; 잘못한 일

'99년 '월간 새 가정'이라는 잡지에 실린 글 가운데 '처녀림을 개척하는 열정으로'라는 것이 있다. 글을 쓴 분은 약 40년 전에 '새 가정'의 편집장으로 일하셨던 분으로, 함께 일하던 사람들이 얼마나 열심이고 성실했는지..., 반면 기대에 미치지 못하는 사람이나 자질이 없는 사람 때문에 얼마나 답답했는지를 서술해 놓은 글이었다. 그런데 한 가지 주목할 만한 것은, 열심이었던 사람이나, 성실하게 일했던 사람들의 이름은 분명히 밝히면서도, 기대에 미치지 않거나 자질이 없던 사람의 이름은 그냥 '모씨'라고만 밝히고 있었다.

나는 이것이 된 사람의 모습이요 마음이라고 생각한다.

많은 사람들은 자신을 드러내기 위해서 다른 사람이나 동료들의 잘못을 부각시키는 반면에, 그들이 잘한 것에 대해서는 축소시키거나 은폐시키곤 한다. 반대로 잘못한 것에 대해서는 널리 알리고 싶어 하지만, 잘한 것을 알리는 일에는 인색하기 짝이 없다.

그러나 그것은 된 사람의 모습이 아니다. 아니 그것은 하나님의 형상을 닮은 사람을 언급하기 이전에, 사람으로서 가져야 할 태도는 아닐 것이다. 다른 사람의 허물을 감추어준다는 것은 사랑의 열매 가운데 하나요, 다른 사람의 허물을 들추어낸다는 것은 그 반대의 열매를 거두는 것이다. 살면서 실수가 없고 허물이 없는 사람은 없다. 그렇게 물고 뜯다 보면, 피차 상하고 다칠 수밖에 없다. 그래서 성경은 말하는 것이다. "말이 많으면 허물을 면키 어려우나 그 입술을 제어하는 자는 지혜가 있느니라(잠 10:19)."

이건 생각만으로 되는 것은 아니다. 연습하지 않으면 이루어질 수 없는 멀고도 먼 성숙이란 목표를 향해 가는 여정과 같다. 내 앞에 있는 사람이 누구이건, 그 사람의 허물과 결점을 보기 전에, 그가 잘하는 것이 무엇이며, 그가 잘 할 수 있는 것이 무엇인지를 찾아보자. 집에 돌아가서 무릎을 꿇을 때, 그 한 사람의 허물을 위해 기도하며, 그분의 좋은 모습만을 볼 수 있도록 은혜를 구하자. 허물이 있으나 허물이 없는 것 같은 교회, 장점이 많지 않지만, 장점이 많은 것처럼 선전되는 교회가 될 것이다. 그렇게 훈련 받은 우리들은, 허물을 덮어 주는 된 사람, 장점을 칭찬하며 격려하는 권위자(勸慰者 - 권면하고 위로하는 사람)로서 주님 앞에 칭찬을 받을 것이다.

우리의 영적 무장은 계속되어야합니다

지난 부활주일에 위니펙의 교회가 함께 모여 새벽예배를 드렸다. 설교를 맡아서 아침부터 부지런히 준비했는데도, 밤새 눈이 많이 내린 탓으로 시간에 늦고 말았다. 머리가 자꾸 뻗쳐서 드라이어로 머리를 손질하고 나갔는데, 차고 앞에 쌓인 눈을 치우다보니, 눈을 맞아서 머리가 다시 일어섰다. 나는 그것을 의식하지 못했는데, 예배 참석했던 어떤 분이 '머리가 뻗쳐있었다...'는 애기를 해 주어서 알 수 있었다.

며칠 전에도 드라이어로 잔뜩 뻗쳐있는 머리를 만지다가 문득 이런 생각이 들었다. 한번 머리를 잘 손질해서, 보기 좋게 만들어 놓았다고 해서 그 머리가 계속해서 그 모양으로 있는 것은 아니다. 자고 일어나면 머리를 다시 손질해야 하고, 눈이나 비를 맞으면 또 손질해야 한다.

우리들의 마음가짐이나 삶의 자세도 이와 같다고 생각한다. 성경을 읽거나 혹은 뭔가 생각하게 하는 글을 읽을 때 받은 감동으로만 산다면 누구도 실수하는 일이나 잘못을 범하는 일은 없을 것이다. 언제나 보기 좋은 모습으로 아름다운 인간관계를 이루어 갈 수 있을 것이다. 교회에 와서 말씀을 듣고 나서, 화를 내는 일은 없을 것이요, 불편해진 인간관계로 인해서 얼굴을 붉히는 일도 없을 것이다. 그렇게 된다면 교회는 「천사들이나 성인(聖人)들이 모인 곳」으로 소문 날 것이다. 그러나 실상은 그렇지 않다. 사람들이 교회를 가지 않는다는 핑계 가운데 하나는, 교회에 가보니 여러 가지 면에서 자기보다 못한 사람들이 많다는 것이다. 교회는 「거룩한 사람들이 모인 곳」이라는 기대 반, 착각 반의 사고 때문이다.

교회는 사람들에게 뭔가 희망을 줄 수 있는 곳이어야 하는데, 그것이 잘 되지 않는 까닭은 무엇인가? 한번만 머리손질을 하면 그것이 전천후로 유지될 수 있다는 착각 때문이다. 인간관계에서는 먹구름이 낄 수 있다. 비바람이 불어서 보기 좋게 신앙생활 하던 사람의 마음에 시험꺼리를 던져줄 수 있다. 거룩하게, 품위 있게, 그리고 존경받는 사람답게 살았던 우리의 모습이 엉클어질 수 있다. 그렇다면 그 엉클어진 모습을 가다듬어야 한다. 하나님의 말씀으로 다듬고, 성령의 능력으로 다듬고, 나를 쳐서 복종시키면서 다듬을 때, 다시 아름다운 신앙인의 모습을 회복할 수 있을 것이다. 위니펙 한인연합교회 뿐 아니라, 모든 교회들이, 그렇게 다듬어진 모습을 잃지 않도록, 서로 격려하며 신앙의 훈련을 위해 힘써야겠다.

하나됨

교회는 여러 계층의 사람들이 모인 공동체이다. 이 말은, 출신 배경, 생김 새.., 성격 뿐 아니라, 신앙의 색깔이 다른 사람들이 모였다는 뜻이기도 하다. 즉, 믿음의 형태가 다르다는 말이다. 그래서 요즘은 비슷한 계층의 사람들이 모여서 한 색깔의 교회를 이루어 가는 경향이 짙다. 거기서 서로 다른 점을 강조하는 교파가 형성되는 것이다. 내가 섬기는 연합교회는 1925년에 장로교회, 감리교회, 회중교회가 뜻을 모아 하나로 뭉쳐진 교단이다. 연합교회가 좋은 점은 이렇게 「다양한 배경과 색깔의 사람들이 모였다」 는 것이다.

그런데 문제는, 그렇게 다른 계층의 사람들이 모여서 완벽한 하나를 이루지 못한다는 것이다. 자신들의 목소리가 소중한 만큼, 타인의 소리도 소중하고, 내 의견이 존중 받아야 하는 것처럼, 타인의 의견 역시 존중 되어야 한다. 그것이 교회요, 그것이 주께서 원하시는 공동체의 모습이다. 그래서 예수께서는 서로 다른 성격이나 배경의 사람들을 그의 제자로 부르신 것이다. 그들이 제자의 공동체로서 얼마나 많이 갈등했는지는, 성경을 통해서 배울 수 있다. 그러나 종래에 그들은 성령의 공동체로서 주님의 뜻을 이루는 사람들이 되었다. 위니펙 한인연합교회 – 이젠 정말 성령의 공동체로서 내 목소리를 낮추고, 형제의 목소리에 귀를 기울이는 교회가 되어야 하지 않을까? 교회 창립 후, 스물여섯 해가 지나, 이젠 청년이 되었는데도, 아직도 젖먹이처럼 나만 알아달라고 아우성치는 미숙아는 아닌가?

이제 한해가 저물어 간다. 새해의 설계를 지금부터 해보자. 2000년을 바라보면서 진정 주께서 원하시는 연합교회, 믿음의 공동체를 만들어가기 위해 내가 무엇을 해야 되는지를 기도하면서 준비해 보자. 그리고 설레는 마음으로 2000년을 맞이하자.

 그리스도를 닮고자 하는 작은생각

머리가 하얀 교회

지난주간에는 역사가 150년이 된 외국인 교회를 찾아가서 예배를 드렸다. 정말 아름다운 교회당이었다. 고풍스러운 건물과 실내장식, 그리고 장엄하게 연주되는 파이프 오르간이 있었고, 찬양대의 찬양소리도 무척이나 아름다웠다. 교우들의 모습도 무척이나 온화해 보였고, 목사님의 설교도 좋았다. 무엇보다도 목사님께서 따뜻한 마음을 가진 분 같아서 더 좋았다. 그런데 그 큰 교회당 안에 50여명 가량의 할아버지 할머니만이 앉아서 예배하고 있었다. 몇몇 유색 인종들의 머리 색깔만 검었을 뿐, 나머지는 모두 하얀 머리였다. 목사님도, 오르간 연주하는 분도, 찬양대원도 모두 머리가 하얀 할아버지 할머니뿐이었다. "기나긴 역사와 전통을 자랑하는 교회에, 그 많던 젊은이는 다 어디로 갔는가?" 하는 생각이 들면서 마음이 아파 왔다. 젊은이가 떠난 교회, 젊은이가 찾아오지 않는 교회 – 얼마 지나지 않아 문을 닫을 교회의 모습이라 생각하니, 정말 마음이 답답해졌다.

내가 섬기는 교회라고 해서 「우리는 예외」라고 말할 자신이 없다. 우리도 그렇게 되지 않는다는 보장은 없다. 우리도 그 문제에 관심을 돌려야 할 필요를 느낀다. 전통과 새로움이 조화를 이루는 교회를 만들어 가야 할 필요가 있다. 옛것과 새것이 조화를 이루어 함께 존재한다는 '온고이지신(溫故而知新)'의 교회가 되도록 조금씩은 양보해야 하겠다.

물론 머리가 하얀 분들이 섬기는 교회라고 해서 아름답지 않은 것은 아니다. 그러나 더 아름다운 것은 일곱 색깔 무지개다. 그것은 서로 다른 색깔들이 조화를 이룬 모습이기 때문이다. 우리가 예수를 믿는다는 것은 무지개를 만들어 가는 것과도 같다. 비가 오고 해가 나면 맑은 하늘에 하나님의 약속을 보여주는 무지개처럼, 우리가 예수를 믿음으로, 교회를 섬김으로, 사람들 속에서 움직임으로 하나님의 약속을 보여줄 수 있어야 한다는 말이다.

그 약속을 바라봄으로써, 우리는 공동체 안에 존재할 수 있는 세대간의 차이, 생각의 차이, 문화의 차이를 믿음으로 극복하고 나누는데서 이루어질 수 있을 것이다. 이 믿음이 우리 안에서 열매를 거두었으면 좋겠다는 생각이 간절하다.

부활절 준비 (1)

미국여행을 다녀온 후에 아이들에게 '또 가지 않겠느냐' 물어보았다. 아이들의 대답이 '어떻게 가느냐...?'는 것이었다. 차로 갈 것인지, 비행기로 갈 것인지 「가는 수단」을 물은 것이다. 그러면서 "차로 가면 싫다."고 했다. 차 안에서 몇 시간이고 있어야 된다는 사실이 싫었던 모양이다. 사실 아이들이 하루 10여 시간을 달리는 차안에서 할 수 있는 것은 거의 없다. 기껏해야 게임을 하든가, 책을 보든가, 잠을 자든가 하는 정도일 뿐이다. 여행에서 그들에게 중요한 것은, '목적지에 도달해서 무엇을 보고 무엇을 먹었는지, 무엇을 즐기고 보았는지' 하는 것이기 때문이다. 여행을 다녀온 후에도 남아 있는 것은 (물론 무의식 속에 보고 느끼는 것이 있겠지만), 여행 목적지에서 즐겼던 게임뿐이다.

아이들만 그런 것은 아니다. 날이 갈수록, 목적지만 생각하는 사람들이 많아진다. 거기까지 가는 동안 무엇을 보았는지, 또 무엇을 느꼈는지는 관심이 없다. 모두다 인스턴트식품 같은 인생을 살아가고 있다는 말이다. 과정을 무시하니, 대화를 해도 흑백논리가 판치고, 사람을 만나도 쉽게 판단하고 쉽게 정죄하곤 한다. 신앙인도 그런 범주를 벗어나지 못한다. 결과만을 생각하는 결과주의에 빠져서, 수단과 방법을 가리지 않고 교인 수 늘리기 경쟁을 하고 있다. 일단 교인 수를 불려놓기만 하면, 그 다음에는 모두가 그 결과만을 보면서 칭찬하고 부러워하기 때문이다. 그 다음에, 그 많은 사람이 모여서 더 많은 일을 할 수 있다는 것만으로 지난 시간들의 옳지 못한 수단과 방법은 잊혀질 수 있다고 생각하기 때문이다. 즉, 「결과지상주의의 산물」이다.

오늘은 부활주일이다. 부활이 목적치라면, 십자가는 부활에 이르는 여정 가운데 하나라고 하겠다. 골고다의 십자가를 짊어지지 않고서는 부활의 참뜻을 경험하지도 못하고 발견하지도 못한다. 십자가 없는 교회는, 껍데기만의 부활을 가진 교회 - 생명 없는 교회가 되는 것과도 같다. 아이 같은 신앙인일 뿐이다. 오늘 부활을 위해서, 십자가의 고난을 통과하고 있는지를 묻고 싶다. 먼저는 나 자신에게...; 나아가서는 우리 교우들 모두에게...; 그리고 부활을 기다리는 이 땅의 그리스도인들 모두에게...! 부활을 즐거움으로 맞을 자격이 있는지? 오늘 우리 스스로에게 심각하게 물어 볼 질문이라 생각한다.

부활절 준비 (2)

부활주일을 앞두고 약 한달 전에 기독교 관련 출판사에서 부활주일과 관련된 몇 가지 견본과 함께 홍보물들을 보냈다. 물론 사순절에 대한 자료도 동봉했다. TV를 보거나, 혹은 쇼핑센터(Shopping Mall)에 가면, 부활절 달걀모양의 초콜릿을 선전하고 파는 것을 볼 수 있다. 이들의 판촉활동은 부활절 훨씬 전부터 이미 시작되었지만, 판촉에 대한 준비나 판매 전략들은 몇 달 전부터 혹은 1년 전부터 시작되었을 것이다. 이들이 판촉을 위해 계획을 세우고 전략을 검토하는 이유는 무엇일까? 물론 기독교 관련 출판사기 때문에 부활을 기념하려는 의도가 없다고는 말할 수 없다. 그러나 판매를 통해 더 많은 수익을 올리려는 것이 더 큰 이유일 것이다. 이들은 몇 달 전부터... 혹은 일년 전부터 부활절 준비를 한다. 비록 상업적이긴 하지만, 이들은 부활절 행사에 대한 믿음이 있다. 그래서 이들은 사람들의 관심을 유도하기 위해 전력투구를 한다. 이런 모습을 보면서 문득 나의 부활절 준비에 대해 생각이 미쳤다.

부활이란 단순히 예수께서 죽으셨다가 사흘 만에 다시 살아나신 사실만을 부각시키는 절기는 아니다. 예수님의 부활은 우리에게 주실 선물의 견본과도 같다. 약속의 보증수표와도 같다는 말이다. 이 보증수표는 사용하지 않으면 그 값어치를 알 수도 없고, 누릴 수도 없다. 부활을 준비한다는 것은, 그 보증수표를 사용할 계획을 세우는 것과도 같다. 지금 내 손에 현금은 없지만..., 지금 내 쌀통은 비어있지만..., 지금 내 은행잔고는 「0」를 가리키고 있지만, 보증수표를 들고 있기에 당당해질 수 있는 것이다. 사람을 초대할 준비를 하고, 식단을 짜면서 콧노래를 부르는 것과도 같다.

부활주일 이전의 한 주간은 바로 「고난주간」 이다. 답답한 현실..., 절망적

 그리스도를 닮고자 하는 작은생각

인 상황..., 앞날에 대한 불안감의 고난주간을 보내야만 소망하던 것들을 손에 쥐고 기뻐할 수 있는 부활을 맞이할 수 있다. 부활이란 보증수표를 손에 쥐고 있는 사람만이 누릴 수 있는 기쁨이다. 그것은 주님의 서명이 된 수표다. 이제 눈을 들어야겠다. 이제 한숨을 거두어야겠다. 손님을 초대할 준비를 해야겠다.

나처럼 고난주간에 머물러 있는 사람들에게...

홈그라운드 이점

작년 가을에, 우리 교회당에서 위니펙 교회대항 체육대회를 한 적이 있다. 그날 체육대회는 공원에서 할 예정이었지만, 궂은 날씨 때문에 할 수 없이 우리 교회당을 사용할 수밖에 없었다. 그날 배구, 농구, 족구를 하면서 우리 교회팀이 의외의 선전을 했고 결국 우리 교회가 준우승을 했다. 응원하는 사람이나 경기를 하는 선수들이나 모두 신이 난 것은 말할 것도 없다. 그런데 우리교회가 경기하는 것을 보면서 이웃교회의 누군가가 하는 말이 들렸다. '홈그라운드라 다르다...'는 말이었다. 우리교회가 선전할 수 있는 까닭은, 경기장이 익숙하기 때문이고, 그 익숙한 곳에서 연습을 많이 했기 때문이라는 말이었다. 실력 때문이 아니라 우리 교회당 덕을 본다는 얘기였을 것이다. 그 사람들에게는 「우리 교회당에서 경기한다는 것」에 대해서 그렇게 생각할 수밖에 없었던 모양이다.

무엇이나 자신에게 익숙한 장소에서 늘 해왔던 일을 하게 된다면, 다른 사람보다는 편안하게 더 효과적으로 일을 처리할 수 있다. 그래서 운동선수들도 국제경기를 앞두고는 반드시 전지훈련을 가고, 한두 달 전부터 현지 적응 훈련을 하는 것이다.

우리 신자들에게 홈그라운드는 세상이 아니라 하나님의 품이다. 주님의 이름으로 이웃을 섬기는 일에는 서툴면서 세상일에는 익숙하다면, 그 사람을 하나님의 사람이라고 하기는 어려울 것이다. 하나님의 사람들에게 익숙한 일은 사랑하는 것, 위로하는 것, 타인을 주님의 이름으로 축복하는 것이다. 그런데 이것은 우리의 인격으로 되는 것이 아니다. 우리의 인격은 그야말로 별 볼일 없기 때문이다. 우리 인격은 남을 미워하고 험담하는데 익숙할 뿐이다. 세상을 평화롭게 하는 사람, 이웃을 주님의 이름으로 축복하길 좋아하는 사람이 되는 비결은 우리의 홈그라운드 – 주님의 품에 자주 안기는 것 외에는 없다. 주님을 자주 만나야 한다는 말이다.

오늘은 2002년 첫째 주일이다. 올해는 나를 아는 모든 사람들에게 복을 나누는 사람이 되고 싶다. 평화를 전하는 사람이 되고 싶다. 이를 위해 내 홈그라운드이신 주님을 더 자주 만나야 한다. 홈그라운드의 이점을 살려 영적 싸움에서 승리하는 기쁨을 소망하면서…

뜸이 들어야 맛있는 밥

우리나라 사람이라면 누구나 기름이 자르르 흐르고 찰진 밥을 좋아한다. 묵은 쌀은 알랑미처럼 찰지지 않을 뿐 아니라 영양가도 없다고 인식되어서 좋아하지 않는다. 요즘이야 전기 밥 솥에 밥을 짓기 때문에 그런 경우를 보기 어렵지만, 어릴 때 어머니는 꼭 약한 불에 뜸을 들이곤 했다. 그래야 찰지고 맛이 있다는 얘기를 덧붙이시면서 배는 고프고, 시간은 없는데, 그리고 내가 보기에는 이미 밥이 다 된 것 같은데도 어머니는 뜸이 들어야 밥이 제 맛을 낸다... 하시면서 꼭 시간을 끌곤 하셨다. 그때 나는 아무 것도 몰랐으니 경험이 풍부하신 어머님의 말씀을 따를 수밖에 없었다.

요즘은 누구나 뜸을 들이는 걸 좋지 않게 생각한다. '왜 그렇게 뜸을 들이느냐...?' 하는 말은 별로 좋은 소리가 아니다. 그만큼 마음들이 급해지고 있고, 우리 사회가 성급해지고 있음을 보여주는 것이다. 신자들이나 교회, 목사도 모두 마찬가지다. 교회를 개척하면 금방 성장해야 한다고 생각하는 성장 신드롬, 어떤 프로그램을 하나 도입하면 금방 효과를 볼 것처럼 생각하는 태도, 일꾼을 세우면 그 사람이 하루아침에 성자(聖者)처럼 변할 것이라는 기대감 같은 것도 바로 그것이다. 아이들이 갑작스레 살이 찌거나 키가 크게 되면 그건 이상이 생긴 징조이다. 그걸 모르는 사람이 없기에 참고 기다리는 것이다.

교회에 일꾼을 세운다는 것이나, 아이들을 키운다는 것도 마찬가지다. 무슨 일이건 시간이 없다는 생각으로 성급해지지 말아야 한다. 다 된 것 같아도 아직 뜸이 덜 들어서, 일하는 것이 설익어 보이고, 말하는 것이 설익어 보이는 사람도 있다. 그런 사람들이 찰진 밥처럼 입맛에 맞는 일꾼이 되는 길은 다른데 있는 것이 아니다. 바로 내가... (혹은 우리가) 뜸들 시간을 주면서 기다리면 되는 것이다.

모든 사람이 시장기를 느끼면 마음이 급해진다.

특별히 여러 사람들이 모인 곳이면 더욱 그런 생각이 든다.

그래도 뜸을 들여야 대접할 수 있다.

그래도 시간이 지나야 사람을 키울 수 있다.

그래서 이렇게 말하고 싶다.

「기다립시다. 조금만 더 기다립시다. 그러면 훌륭한 식탁을 차리게 될 것입니다.」

싹이 나는 건 잠깐인데

모처럼 지하실 정리를 하다가, 한쪽 구석에서 감자 하나를 발견했다. 오래 전에 산 것이기 때문에, 싹이 아주 크게 자라 있었지만, 뿌리의 흔적이 없었다. 물론 뿌리는 영영 내리지 않을 것이다. 또 싹만 돋아나서 길게 자라다가 그냥 말라버리고 말 것이다.

① 뿌리가 내리지 않는 이유는 - 땅에 심어지지 않았기 때문이다. 이 경우, 뿌리를 내릴 필요도 없고, 그럴 여건도 조성되지 않았다. ② 싹이 돋지만 열매를 맺을 수 없는 이유는 - 땅에서 양분을 공급받을 수 없기 때문이다. 그래도 싹이 돋는 것은, 아직도 살아있다는 감자의 몸부림 정도로 이해 할 수 있다. 그러나 그건 잠시일 뿐이다. 감자 자체에 저장된 양분이 차차 고갈되어 그 싹은 시들어버릴 것이며, 얼마 지나지 않아 죽어버리고 말 것이다.

우리 신앙인들이 열심히 일하고 섬길 때, 「뭔가 일하고 있다...」는 티를 낼 수 있다. 자신이 배운 것이나 경험한 것들을 가지고 「뭔가 만들어간다. ...」는 티를 낼 수도 있다. 그러나 우리의 뿌리를 땅에 내리지 않는다면, 즉 주님께 붙어서 주께서 공급해 주시는 힘을 얻지 못한다면, 시작한 일을 마무리 지을 때까지 버틸 재간이 없다. 감격과 기쁨 속에서 일을 시작 했다가도, 뒤에서 받쳐 주는 성령의 능력이 없으므로 감사도 감격도 사라진 채 불평만이 가득한 신자가 되고 말 것이다. 내가 배운 신학도 잠깐이요, 목사라는 칭호도 잠깐이다. 오랜 신앙경력이나 오랜 교회의 역사 마찬가지이다. 그리고 아름다운 교회당도 주님께 심어지지 않는다면, 곧 시들어버리고 만다는 말이다.

그렇다면, 신자가 땅에 심어진다는 것은 어떤 것일까...? 주님 안으로 숨어들어가는 것이다. 내 이름, 내 명예, 내 자랑, 내 감정을 드러내지 않고 주님 안에 나를 숨기는 것이다. 그건 기도하는 사람만이 경험할 수 있는 것이다. 「주님의 뜻을 이루소서...」 무릎으로 주님께 나아가는 사람만이 누릴 수 있는 영광스런 경험이다. 땅에 떨어져 죽는 한 알의 밀알의 모습은 바로 거기서 나타나는 것이다. 오늘 우리 교회는 함께 주님께 심어지기 위해 무릎을 꿇는다.

여전히 대한민국 사람입니다

올해 한국 국민의 가장 큰 관심사는 대통령선거이다. 정부와 여당, 그리고 야당에서는 이를 위해 총력을 기울이고 있다. 각 당에서 대통령선거에 도전하겠다는 후보들의 소식을 전한다. 요즘 나는, 이전과는 다르게 유난히 대통령선거 출마하는 사람들의 일거수일투족에 관심이 간다. 그 동안은, 간혹 관심을 기울이기는 했지만, 한국 정세에 대해 신경을 끊고 지냈다. 조국의 정치가들에게 실망하기도 했지만, 나 자신이 조국을 떠나있다는 것이 더 큰 이유일 것이다. 투표를 하는 것도 아니요 세금을 내는 것도 아니요, 아이들을 그곳에 두고 온 것도 아니기에, 나의 생활과 직접적인 상관이 없기 때문이다. 그런데 대통령 선거를 앞둔 요즘 자꾸만 조국의 소식에 눈길이 간다. '이런 사람이 대통령이 되었으면 좋겠다...'는 생각을 하는 것을 보면, 나는 어쩔 수 없는 대한민국 사람인가 보다.

우리 신자들, 평소에는 대부분이 신자라는 자기 신분에 신경을 쓰지 못하고 산다. 신자로서의 삶과 불신자로서의 삶에 뚜렷한 차이를 느끼지 못한 채 사는 것이 이곳 이민자들의 모습이기도 하다. 그래서 혹자(或者)는 이런 회의를 품기도 한다. '내가 과연 예수를 믿는 것인가...?' 그러면서 예수를 믿는데 대해 자신도 없어지고, 그런 자신의 모습에 실망하기도 한다. 신앙의 이민자, 주일만 신자라는 생각 때문에... 그렇다...! 평일이라는 이민사회에 살면서 주일을 잊고 사는 주일만의 신자가 되는 것은 분명히 지양해야 하는 일이다. 그러나 분명한 것은, 우리 안에는 예수의 피가 흐르고 있다는 점이다. 우리는 그분께서 베푸신 사랑 안에 거하고 있다는 점이다.

그건 뭔가 중요한 일이 있을 때 나타나게 된다. 주님을 향해 깊은 관심을 기울이는 모습에서, 주님을 위해 안타까워하는 모습에서, 그리고 문제 해결을 위해 뛰어 다니는 모습에서!

나는 기도한다.

대한민국의 사람으로서 매일매일 대통령선거에 관심을 기울이듯이, 매일매일 주님의 일에 더 많은 관심을 갖는 나 자신... 우리 교우들이 되게 해 달라고...!

4×4 지프의 길을 여는 목회

지난 수요일은 여느 때보다 조금 더 바쁜 날이었다. 운전하면서도 자연히 평소보다는 속력을 내게 되었는데, 마음이 조급해지니 앞차가 더디게 가는 것까지도 눈에 거슬렸다. 할 수 없이 차선을 바꾸어 제대로 속도를 내지 않던 차를 앞지를 수 있었다. 내 앞에서 운행 중이던 차는 4×4 지프였다. 일반적으로 4×4 지프는 내가 운전하던 밴보다 힘도 세고, 속력도 더 낼 수 있다. 물론 도로 상태도 별로 나쁘지 않았고, 차량이 정체될 요인은 거의 찾아볼 수 없었다. 그런데도 4×4 지프가 자기 속력을 내지 못했다.

그것은, 그 지프에 앞에서 달리던 차가 제대로 달려주지를 않았기 때문이다. ① 엔진 성능이 4×4라고 하는 것과 ② 좋은 도로의 조건과 ③ 오랜 운전 경력이라는 삼박자가 맞아 떨어졌음에도 불구하고, 다른 한 가지 이유로 인해서 그 차는 제 기능을 발휘할 수 없었다.

이것은 우리의 인생의 한 면과도 같다. 저마다 좋은 성능(?)의 사람이 되고 싶어 한다. 그렇게 아이들을 키우고 싶어 한다. ① 인생 경험이 풍부한 사람이 있다(혹은 신앙의 연륜이 있는 사람). ② 그는 재능도 있고 실력도 골고루 갖추고 있다. ③ 그리고 그를 필요로 하는 현장도 있다. 소위 삼박자가 갖추어진 사람이기에, 필요할 때는 언제고 힘차게 달릴 수 있다는 사실을 누구도 믿어 의심치 않는다. 그런데 실상은 그렇지 못한 경우가 많다. 왜냐하면 예상하지 못한 장애물들이 나타나기 때문이다.

4×4 지프는 우리 자신을 상징한다. ① 달려갈 수 있는 능력도 있고 잠재력도 있다. ② 성숙하고 싶다는 인생의 꿈도 있고 갈망도 있다. 그런데도 그 목적을 이루지 못하는 이유가 있다. 내가 기도하지 않는 것이나, 기도를 게

을리 하는 것이 길을 가로막고 비켜주지를 않는다. 내가 순종하지 않거나 양보하지 않는 것도 도로를 막는 또 다른 요인이 된다. 교제를 게을리 하는 것 역시 4×4를 지체하게 만드는 웅덩이가 되곤 한다.

우리 앞에는 목적지를 향해 열린 길이 있다. 그 길을 달려가야 할 충분한 이유가 있다. 어떻게 해야 힘차게 그 길을 달려 목적지에 도달할 수 있을까?

교회로 치면, 내가 같이 기도대열에 합류하는 것이다. 내가 같이 말씀순종 이라는 대열에 뛰어드는 것이다. 내가 있는 자리에서, 내게 맡겨진 일에 성실한 것도 잘 달리게 하는 비결일 것이다.

오늘, 우리 모두가 4×4 지프가 달려가는 길을 여는 일에 좀더 관심을 가졌으면 좋겠다.

주님의 첩경을 준비했던 세례 요한과 같이...!

제대로 준비하지 못한 탓

온타리오주의 해밀턴에 도착해서 제일 먼저 느낀 것은 '여기도 위니펙만큼 춥다...'는 것이다. 바람이 불고 눈보라까지 날려, 얇은 잠바로는 견디기 어려웠다. 엊그제만 해도 영상 20도였다는 것이 믿어지지 않을 만큼 추웠다. 찬바람을 맞았더니 목이 따끔거리면서 두터운 잠바 생각이 절로 난다.

'그래도 버틸 수밖에...!'

추운 날씨에 고생하는 이유는 갑자기 날씨가 추워졌기 때문만은 아니다.

미리 일기예보를 보지 않아 따뜻한 옷을 준비하지 않았던 나 자신에게도 문제가 있는 것이다. 해밀턴은 으레 따뜻할 것이라고 생각했고, 어쩌면 더울지 모른다는 생각에 반소매 셔츠까지 챙겨왔다. 물론 두주간은 그리 길지 않은 시간이지만, 제대로 준비하지 않은 대가를 톡톡히 치르고 있는 것이다. 그러니 입이 있어도 할말이 없을 수밖에...

「인생은 준비에서 시작해서 준비에서 끝난다...」는 말이 있다. 의식주는 물론이요, 아이들의 양육에서 어른을 모시는 일까지 준비 없이는 아무 것도 이루어질 수 없다는 말이다. 그리고 그 사실을 모르는 사람은 거의 없다. 그런데 물질세계에 국한된 준비, 혹은 눈에 보이는 이익과 관련된 준비에는 신경을 치우쳐 우리가 자주 놓치는 부분이 있다. 우리 예배가 그렇다. 으레 주일 아침 그 시간이면 그런 식으로 예배를 드리면 된다고 생각하고 주일 아침 예배당을 찾을 때가 많다. 순서에 있으니 일어나서 '사도신경'을 외우고, 순서에 있으니 교독문을 읽고, 순서에 있으니 찬송을 부른다. 순서에 있으니 말씀을 듣고, 그리고 순서에 있는 축도를 듣고(?) 교회당 문을 나선다. 준비하지 않는 게 습관이 되니, 이 세상을 떠날 때도 그렇게 준비 없이 갈까 봐 걱정이 된다.

어떻게 되겠지... 물론 가기만 하면 주님께서 다 준비해 놓으신다고 했으니 어떻게 되기는 될 것이다(요 14:13). 그러나 우리는 부지런히 일기예보(성경)를 보면서, 우리의 따뜻한 잠바(믿음의 옷)를 준비해야 할 것이다. 하늘나라는 예배가 있는 곳이다. 예배훈련이 되어야 한다는 말이다. 하늘나라는 사랑이 있는 곳이다. 사랑하는 일이 몸에 배어야 한다. 우리 교회가 그렇게 예배하는 공동체, 사랑을 실천하면서 사랑이 몸에 배어드는 공동체가 되었으면 좋겠다. 하늘나라의 그림자로서...!

아이와 어른

사무실의 주전자가 수명을 다하고, 그 빈자리를 새 주전자가 대신하게 되었다. 얼마동안 따뜻한 차 마시기를 거르다가, 이젠 따뜻한 차를 마실 수도 있고 대접할 수도 있게 되었다. 그런데 새 주전자는 이전의 주전자하고는 모양도 다르지만 기능도 조금 달랐다. 이전 것은 전기코드를 꽂기만 하면 자동으로 물이 끓게 되어 있었다. 그런데 새것은, 전기코드를 꽂고 난 후에도 스위치를 눌러주어야만 물이 끓도록 만들어졌다. 그런데 나는, 이전 주전자에 길들여진 탓인지, 코드만 꽂아놓고 기다리다가 뒤늦게 스위치를 누를 때가 종종 있다. 아마 시간이 지나면 새 주전자를 사용하는데도 익숙해지리라는 생각이 든다.

꽂아놓기만 하면 자동으로 물이 끓는 주전자는 우리 믿음이 아직은 어렸을 때 모습(혹은 우리가 태어나서 자라 가는 모습)과도 같다. 어리다는 것은, 처음에 교회당에 들어오기만 해도 되는 단계이다. 봉사를 요구하지 않는다. 어려운 일을 맡기지도 않는다. 실수를 해도 받아주고, 응석(?)을 부려도 기다려준다. 성숙한 신자(혹은 어른)가 되기 위해 뭔가 결단해야 되는 부담이 없다. 편안하게 교회를 다녀주기만(?)해도 되는 단계이다. 그러나 새 주전자는 조금 다르다. 코드를 꽂고 누르는 수고가 필요하다는 것은, 교회생활이 익숙하고, 믿음이 조금 깊어진 단계라고 할 수 있다. 성숙한 교회를 이루기 위해 내 섬김과 헌신이 필요하고, 응석부리고 투정부리는 일도 이 단계에서는 멈추어야 한다. 이때에는 교회당에 들어와 있다고 믿음이 자동적으로 자라지 않는다. 스위치를 눌러야 물이 끓는 것처럼, 말씀을 듣기 위해 귀를 열어야 하고, 아파하고 힘들어하는 형제를 위해 기도의 무릎을 꿇어야 한다.

 그리스도를 닮고자 하는 작은생각

오늘 우리는 창립 30주년 기념예배를 드린다. 그리고 오후에는 임직예배를 드리고, 서른 살이 된다는 것이나, 임직을 받는다는 것은, 교회를 다녀주기만 하는 단계에서, 이젠 교회를 다녀주는(?) 다른 이들을 위해서 스위치를 눌러 주는 자리에 선다는 뜻이다. 그래야 따뜻한 사랑의 차(茶)를 즐길 수 있고, 다른 이들에게도 대접할 수 있고, 따뜻한 성령의 위로를 나누며 교제하는 믿음의 공동체를 만들어갈 수 있다. 서른 번째 생일을 맞이하면서 우리 함께 생각해 보았으면 좋겠다.

나는 아직도 자동으로 물이 끓기를 기다리는 신자인지...

아니면 스위치를 눌러 주어야 물이 끓는 자리에 있는 신자인지...

두려워하지 말아야 즐길 수 있다

전등에 불이 들어오지 않아서 전구를 갈이 끼웠는데도, 여전히 불이 들어오지 않았다. 스위치에 문제가 있는가 하여 열어 보았지만, 잘 알지도 못하고 전기를 만지는 것이 두렵기도 하여 몇 주간을 그냥 어두운 채로 지낼 수밖에 없었다. 전기의 혜택을 누리고 이용할 줄만 알았지, 전기에 관해 제대로 알지 못했기 때문이다. 남선교회 회장으로 계시는 집사님께 말씀드렸더니 바로 공구를 들고 찾아와서, 문제를 발견하고는 필요한 부품을 구입해서 말끔하게 고쳐주셨다. 손을 대면서부터 불이 들어오는 것 같더니, 이젠 실내가 아주 밝아졌다. 집사님께 여쭤보았다. '전기가 무섭지 않느냐...?'고...

우리 생활 어디에도 전기가 필요 없는 곳은 거의 없다. 음식을 조리하고,

차를 타고 다니고, 컴퓨터나 에어컨을 사용하는 모든 영역에 전기는 필수적이다. 그러나 전기에 문제가 생겼을 때, 문제를 해결할 수 있는 사람은 그리 많지 않다. 전기 문제를 해결하지 못하고 무서워하는 이유는 배우지도 않았고, 경험해보지도 않았기 때문이다. 배운다고 해도 주마간산(走馬看山)식이었을 것이고, 고쳐본다고 해도 남이 수리하는 걸 곁에서 구경(?)만 하면서 직접 고쳐보려는 노력은 없었다는 뜻이다.

신앙인으로서 하나님을 경험한다는 것도 이와 같다고 본다. 하나님께서 베푸시는 은혜는 누구나 갈망한다. 그분께 기도하고 응답 받고 은혜 안에서 살고 싶어 한다. 그런데 은혜를 경험하지 못할 때가 있고 기도응답이 지연되는 때가 있다. 마음의 방이 어두워지고 생각이 거칠어져서 이 사람 저 사람과 감정적으로 대립하는 때가 있다. 문제가 생긴 것이다. 그런데 문제해결을 위해서 기도하려 하지 않는다. 하나님께 매어 달리지도 않는다. 확신도 없고, 두렵기도 하고, 잘 될 것 같지도 않기 때문이다. 성경이 가르침을 순종하지 않았기 때문이다. 남이 기도하고 은혜를 체험하는 것을 구경(?)만 하고 소문(?)만 들었지, 자신이 체험하기 위해 순종/기도/헌신하지 않았기 때문이다. 무서워서 손대지 못하고 내버려 두었던 전기 스위치처럼, 하나님에 대해서도 그렇기 때문이다.

전기를 배우듯이 하나님도 배우고, 전기를 두려워하기보다는 친숙해하듯이 하나님과 친숙해질 필요가 여기 있다. 언제든지 그분 앞에 가까이 가는 신앙인이 되어야 할 필요가 바로 여기 있다.

Water World 유감

여러해 전에 Kevin Costner 주연의 'Water World'라는 영화를 여러 사람과 함께 관람한 적이 있다. 그 영화를 먼저 보았던 사람이 '그렇게 잘된 영화를 본 적이 없다'고 침이 마르도록 칭찬하는 소리에 고무되어, 여러 사람이 함께 보기로 뜻을 모았던 것이다. 물론 개인에 따라 그 평가 기준이 다르겠지만, 그래도 '영화 보는 눈이야 비슷하겠지…'라는 생각을 했었다. 그러나 영화를 보는 내내 '괜히 왔다'는 생각이 들었다. 제목에서 알 수 있듯이 이 영화는 지구의 온난화 현상으로 인해 빙하가 녹아내리고, 지구가 물에 잠긴 후 생존하기 위해 노력하는 인간의 모습을 담고 있다. 그러나 예상과는 다르게 이 영화는 온통 폭력적인 언어와 장면으로 가득 차 있었다. 너무 자신 있게 추천하는 소리에 그만 넘어가고 말았던 내게도 잘못이 있었음을 생각하며, 내 탓으로 돌리고 말았다.

사실이 아닌데도 사실인 것처럼 자신 있게 말하는 사람이 있다. 그리고 그 사람이 말하는 것이 사실인지 아닌지를 떠나, 그 사람의 태도만 보고 믿어버리는 때가 많다. 그래서 목소리가 크면 이긴다는 말도 나오는 모양이다. 여기에 우리의 고민이 있다고 생각한다. '틀린 사실'도 자신 있게 얘기해서 사람들의 마음을 살 수 있는데, '올바른 사실, 정말 중요한 사실, 꼭 알아야 하는 사실'을 품고 있는 우리들의 자신 없는 태도에 대한 고민이다. '남대문을 가보지 않고도 큰소리치는 사람 앞에서, 남대문 곁에 살면서도 강 건너 불구경하듯 살아가는 우리의 태도'에 문제가 있다는 말이다.

그건 성격에서 오는 것일 수 있다. 그러나 더 중요한 것은 확신에 대한 것이요, 그보다 더 중요한 것은 '사랑'에 대한 것이 아닌가 싶다. 반정부/반제

국주의/반환경파괴를 주장하며 데모하는 사람들은 몇몇의 확신을 가진 사람들이 앞장서는 걸 보고 따라가는 것이다. 청년 예수를 보고 그의 제자들이 그랬다. 그 제자들을 보고 초대교회가 그랬고, 그들을 보고 주변사회가 그랬다.

우린 예수님의 마음을 품었다. 그게 성경이 가르치는 신앙인의 모습이다. 우린 예수님 그분의 사랑을 받았다. 그리고 그 사랑을 나누라는 말씀을 들었다. 거짓/위선/이기적 탐심이 만연하는 세대 앞에, 이젠 우리가 큰소리 칠 때가 되었다. 자신 있게 우리의 신앙에 대해, 우리의 결단에 대해, 우리의 경험에 대해 얘기하는 사람이 되고 싶다. 우리 교회가 그렇게 앞장서는 공동체가 되었으면 좋겠다는 생각이 간절하다. 참사랑의 주님을 함께 공유(共有)할 수 있게 되길 바란다.

새 보일러, 헌 보일러

날씨가 서늘해지면서 양지가 그리워지는 계절이 되었다. 새벽에 집을 나서면 싸늘한 공기가 코를 시리게 한다. 그래서 그런지 새벽마다 기도하시는 권사님의 코도 항상 빨갛게 변하곤 한다. 그래도 집안에서는 아직 추운 줄을 모른다. 여름 내내 잠잠하던 보일러가 이젠 돌아가기 때문이다. 일부러 스위치를 누르고 시간조절을 하지 않아도 알아서 기온이 올라가고 내려가니, 참 편리하다. 그런데 교회당의 보일러는 그렇지 않다. 매번 스위치를 눌러주어야 점화되는 것이어서, 아직도 이른 새벽의 교회당은 썰렁하기만 하

 그리스도를 닮고자 하는 작은생각

다. 교회당의 보일러는 50년이 넘은 「구식」이고, 사택의 것은 「신식」은 아니라고 해도 최근의 제품인 것 같다. 역시 "새것이 좋기는 좋다..."는 생각을 또 하게 된다.

새사람... 혹은 성숙한 사람... 혹은 어른이 된다는 것도 이런 게 아닌가 하는 생각이 든다. 아이들은 추우면 몸을 움츠리기는 하지만, 자기 스스로 몸을 따뜻하게 할 능력도 없고 방법도 모른다. 그저 추위에 떨 수밖에 없는 것이다. 반드시 누군가가 만져주어야 하고 돌봐주어야 하고 간섭해 주어야 한다. 그래야 열을 낼 수 있고, 그래야 주변을 따뜻하게 해줄 수 있다. 그러나 어른은 그렇지 않다. 추우면 불을 피우거나, 집을 짓거나 하다 못해 움막이라도 만들어 바람을 피할 줄 아는 게 어른이다. 또 주변상황이 변해도 자기 일을 스스로 묵묵하게 수행할 줄 아는 게 어른이다. 마음의 날씨가 영하로 떨어지면, 그래서 분위기가 싸늘해지면, 그래서 서로가 냉랭한 마음을 품고 교제를 끊어버릴 것 같은 때에, 성숙한 어른, 혹은 새사람은 더불어 싸늘해지지 않는다. 신자의 경우, 오히려 자신 안에 계신 성령의 불길이 타오르도록 기도할 수 있다. 자신이 주변 분위기를 부드럽게 하기 위해 웃음거리를 제공하기도 한다. 힘들어하는 사람에게 힘을 주고 격려하려고 동분서주한다. 누가 스위치를 누르지 않아도 돌아가는 보일러처럼, 누가 말하지 않아도 그래야 할 줄을 알기 때문이다.

가끔 집안 분위기가 영하 이하로 떨어질 때, 사랑의 불을 피우는 사람이 되고 싶다. 가끔 믿음의 공동체 안에 영하의 바람이 불 때면, 기도의 불, 찬송의 불을 피워 모든 사람을 따뜻하게 해주는 지혜로운 사람이 되고 싶다. 가끔 우리의 만남의 자리에 이상이 생기면, 이를 바로 느낄 줄 아는 분별력 있는 사람..., 그리고 그 해결책을 위해 내 몸을 불사를 줄 아는 사람이 되고 싶다. 우리 주님은 바로 그렇게 자신을 불살라 교회를 따뜻하게 했기 때문이다. 그리고 오늘 우리에게 그렇게 움직이는 성령의 보일러가 되라고 하신다.

날씨가 추우면 추울수록 더욱 더 따뜻한 마음을 품고 싶다.

자동 보도(Moving sidewalk) 위에 선 인생

한국에 가면서 시카고와 인천공항 내에 설치된 자동보도(Moving sidewalk) 위를 걸었다. 평소에는 거의 이용하지 않고 걷기만 했는데, 이번에는 들고 있는 짐이 무거워서 사용할 수밖에 없었다. 그런데 그렇게 좋고 편할 수가 없었다. 무거운 가방을 끌고 걸어가는데도, 일반 보도로 걷는 사람보다 훨씬 빨리 갈 수 있었다. 그냥 서 있기만 해도 편하게 갈 수 있었다. 고개를 숙이고 바닥만 보고 있으면 전혀 움직이지 않는 것 같은데도, 잠시 후에는 가야할 자리에 도착해 있었다.

자동보도 위에 올라서는 것은 예수님 안에 있는 것과 같다. 예수님이라는 「자동보도(Moving sidewalk)」에 올라서기 전까지는 내가 부지런히 걸어야 했다. 무거운 짐도 내가 지고, 내가 끌고 뛰고 달려야만 했다. 모든 것이 내 힘과 노력으로 이룰 수밖에 없었다. 그런데 「보도」에 올라선 후부터는 바뀌게 되었다. 물론 다른 사람들이 부지런히 달릴 때 우리 신자들도 달려야 한다. 예수님 안에 있다고 게으름을 피울 특권을 주지는 않았다. 그러나 보도 위에서는 우리 인생의 무거운 짐을 내려놓을 수 있다. 무거운 짐을 주님께 맡기고 여전히 목적지를 향해 갈 수 있다. 고개를 숙이면 예수님의 모습이 보이지 않는다. 내가 예수님 안에 있다는 것도 실감이 나지 않는다. 길을 가도 나 스스로 걷는 것 같고, 멈추어 서면 더 이상 움직이지 않는 것처럼 보인다. 그러나 고개를 들고 옆을 바라보면, 주님께서 나의 인생을 싣고 움직이는 것을 보게 된다.

"수고하고 무거운 짐 진 자들아 다 내게로 오라 내가 너희를 쉬게 하리라…"(마태 11:28) 주님의 말씀은, 바로 인생길을 힘겹게 걷고 달리면서도 쉼을 얻지 못하는 우리를 초대하는 말씀이다. 예수님이라는 「자동보도(Moving sidewalk)」에 올라서서 인생길을 가라는 말씀이다. 우리가 움직이면 움직이는 대로… 우리가 멈추어 서면 멈추어 서는 대로 주님은 우리를 싣고 우리 인생길을 목적지까지 데리고 가신다는 말이다. 아무리 무거운 짐이 있어도 괜찮다. 아무리 피곤하고 힘들어도 괜찮다. 쉬고 싶으면 쉴 수 있다. 힘이 나면 또 일어나 조금만 움직여도 된다. 우리 인생을 싣고 계신 주님께서 움직이기 때문이다. 오늘 문득 예수님 안에 있으면서도, 그 사실을 실감하지 못해 불안해하는 나의 모습을 보면서, 여전히 나와 함께 계시는 주님을 생각하게 된다. 자동 보도 위를 걸어가면서도 불안해하고 당황해하는 나 자신이 부끄러워진다. 이젠 그렇게 부끄러운 삶을 살지 않았으면 좋겠다는 생각이 든다. 그 위에서 '쉼'을 누리면서, 그 '쉼'의 귀함을 나누며 살고 싶다.

앞을 내다보고 사는 사람들

다음 주간부터, 정확하게는 10월 26일(토)을 지나고 27일(주일)이 시작되는 새벽부터 캐나다 마니토바 주에서는 소위 써머타임제(일광절약시간제)를 실시한다. 새벽 3시가 새벽 2시로 바뀌면서 여름보다 한 시간 가량 더 잘 수 있다. 그래봐야 하루만 지나면 별 차이가 없지만, 사람들은, 나를 포함해서, 그런 숫자놀이에 깜빡 넘어가면서 좋아한다.

내가 그 사실을 교인들에게 미리 알려주곤 하면서도, 까맣게 잊을 때가 종종 있다. 뒤늦게 장로님께 전화를 받고 주보의 광고란에 겨우 실어, 실수를 만회할 때가 있다. 물론 주일에 교회를 간다거나, 혹은 특별한 약속이 없는 사람들은 시간대가 바뀌는 것에 대해 미리 알지 않아도 상관없다. 그날이 되어 시간이 바뀌었다 싶으면 그냥 따라가면 되기 때문이다. 그런데 신자들은 그렇지 않다. 시간을 맞춰 교회당에 가야하기 때문에 한 주간 전에 광고를 하고, 주중에 다시 연락해야 한다. 혹시 늦지는 않을까, 혹시 이르게 가지는 않을까, 준비하고 확인해 주어야 한다.

그런 점에서 신앙인들은 비신앙인들보다는 조금이나마 시간을 앞서가는 사람들이다. 삶에서는 물론이고, 죽음이라는 종말을 향해 가는 모습에서도 그렇다. 교회라는 공동체와 그 공동체 안에서 자신의 역할 그리고, 하나님 앞에서 자신의 자리와 책임을 감당한다는 것은 이렇게 남보다 조금 먼저 생각하는 데서부터 시작되는 것이다. 왜냐하면, 남보다 조금 더 깊이 생각하고 조금 더 먼저 준비할 수 있는 것은, 우리 인생의 종착역을 바라보는 것이기 때문이다. 종착역에 이르면 누구나 내릴 수밖에 없다. 더 머물고 싶어도 인생이란 기차는 더 가지 않는다. 아니 갈 수 없다. 어차피 육신의 장막을 벗고 떠날 수밖에 없는 것이 인생이라는 사실을 알기에, 미리 떠날 일에 대해 생각하고 준비할 수 있다는 말이다. 누구나 이웃과의 관계, 그리고 사회생활을 위해서 summer time을 지켜야 한다. 마찬가지로 누구나 인생의 무거운 짐을 벗어버리고 마지막 가쁜 숨을 내쉬다가 결국 땅에 묻히는 자연법칙을 따라야 한다. 조금 더 살고 싶어도 그럴 수 없다.

그렇다면 남보다 조금 더 깊이 생각하고 조금 일찍 준비할 수 있는 비결은 무엇인가? 그것은 관심이라고 할 수 있다. 조금만 더 관심을 가지면, 남들이 미처 알지 못하는 것을 깨닫게 된다. 남들이 미처 보지 못하는 것을 보게 되고, 듣지 못하는 것을 듣게 된다. 그리고 함께 준비할 수 있는 자리로, 이웃을, 형제를 초대할 수 있다.

여름이 끝나자마자 가을을 느낄 겨를도 없이 바로 겨울의 문턱을 넘어섰다. 그렇게 갑자기 내 인생의 종착역에 닿을 것만 같다. 그래서 미리 준비해야 함을 느낀다. 시간을 앞당겨 살면서 소중한 시간들을 만들어야겠다. 인생을 주신 하나님께 감사하면서…

가족이라는 말, 그리고 식구라는 말의 차이

우리말 사전을 보면, 식구(食口)라는 말을 '같은 집에서 끼니를 함께 하며 사는 사람'이라고 풀이했고, 가족(家族)이라는 말은 '혈연과 혼인 관계 등으로 한 집안을 이룬 사람들의 집단'을 뜻하거나 비유적으로 '이해관계나 뜻을 같이하여 맺어진 사람들'이란 의미를 담는다고 한다. 바꾸어 생각하면, 가족이란 단어는 추상적인 의미와 함께 조금은 이익 집단적인 뜻도 있는 것 같다. 요즘은 별로 쓰지 않는 말이지만, 식구라는 말은 이와는 조금 다른 느낌을 준다. 이것은 함께 먹는다...는 뜻과 함께 조금은 더 친숙한 관계를 나타낸다. 2차 대전을 치르면서 영국의 처칠 수상과 미국의 루즈벨트 대통령이 우리말로 하면 '대중탕'에서 벌거벗고 담판을 지었다는 야사도 있지만, 식구라는 말에서 우리는 그렇게 감출 것이 없이 서로를 끌어안는 그림을 볼 수 있다.

요즘 추세는 「새 가족」 이라는 말이 「새 신자」 라는 말보다는 더 친숙하다고 해서 많이들 사용하고 있지만, 「새 식구」 라는 말도 함께 사용하고 싶다는 생각이 든다. '이해관계나 뜻을 같이하여 맺어진 사람'들이 '한집에서 끼니를 함께'할 때, 그 뜻이나 이해관계가 지속될 수 있기 때문이다.

우리 교회는 예배 후에 함께 점심을 먹으면서 '식구'됨을 확인하곤 한다. 비록 '우리는 식구야...!'라는 말을 하지는 않더라도 그냥 한 식탁에 앉아 음식을 나누는데서 느낄 수 있는 식구들만의 정(情)이 있기 때문이다. 우리 교회에 첫발을 들여놓으면서 새 가족으로 시작했더라도, 시간이 지나면 안방과 주방을 차지하는 주인이 된다는 뜻이다. 그것은 또 다른 새 가족을 반기고 돌아보는 주님의 사람이 된다는 얘기도 된다. 그리고 그것은 먼저 식구(식탁공동체)의 자리에 앉는데서 시작되는 것이다. 우리 모두는 가족이다. 그리고 한 식구다. 예수님의 식탁에 함께 앉았던 세리와 죄인들이 예수님과 한 가족이었던 것처럼... 이 자리에 '한가족'일 뿐 아니라, '한 식구'로서 함께 앉아보기를 권하고 싶다.

급출발… 급제동

날씨가 추워지면서 나빠진 도로사정으로 인해 운전하기가 쉽지 않다. 도로가 미끄러울 때는 아무리 운전경력이 화려하다고 해도 빨리 달릴 수가 없기 때문이다. 마음이 급해도 거북이걸음을 해야 안전운전을 할 수 있고, 운전자 자신이나 동승한 사람들의 불안도 줄일 수 있다. 그래도 간혹 급하게 출발하거나 급하게 브레이크를 밟아야 할 때가 있다. 그러나 이것도 생각대로 되는 것은 아니다. 바퀴가 헛돌기 때문이다. 미끄러운 길일수록 조심스럽게 출발하고 가볍게 브레이크를 밟아야 위험하지도 않고, 연료도 절약할 수 있다.

우리 인생길을 달려가는 것도 마찬가지다. 인생이란 사람과 사람의 만남을 통해서 그 깊이가 더해지고 맛이 깊어지는 법이다. 그런데 그 만남이 수박 겉핥기로 끝나지 않고 깊은 맛을 나누기 위해서는 조심스러운 예절교육이 필요하다. 「용건만 간단히 – 3분 통화」를 주장하는 산업사회의 한 부속품으로 전락해버린 인간관계에서는 사람 속에 숨겨진 사람다움의 아름다운 깊이를 느낄 수도 없고 나눌 수도 없다. 사람으로서의 만남이 우선되었으면 좋겠다는 말이다. 우리들의 만남은 정경유착 혹은 재벌 간의 인맥 형성을 위한 혼인관계와 같은 거래일 수 없으며 또, 거래가 되어서도 안 된다. 거래를 생각하는 사람은 일 그 자체만을 염두에 두기에 급하게 출발하고 급하게 멈추어 설 수밖에 없다. 그러나 사람을 생각하는 사람은 만남 자체를 소중히 여기기에 조금 늦더라도 사람의 마음을 헤아릴 수 있게 된다.

요즘 조금은 급해지는 우리의 모습을 보면서, 믿음과 신뢰보다는 경제적인 거래원리가 우리를 지배한다는 느낌이 든다. 사람으로 오신 예수께서, 교회를 자신의 몸이라고 한 까닭이 무엇인가... 조금은 짐작이 간다. 사람을 생각하는 곳, 사람을 만날 수 있는 곳, 사람의 모습을 회복할 수 있는 곳이 바로 교회라는 뜻이다. 믿음이란 세상의 경제원리가 아니다. 믿음의 원리는 나누고 베푸는데서 기쁨을 얻고 평화를 누리게 되는 것이다. 주님께서 사람의 몸을 입고 오신 것의 배경에는 그런 헤아림이 있다.

오늘은 주님의 성탄을 준비하는 대강절 첫 번째 주일이다.

사람을 위해 사람으로 오신 주님처럼 사람을 생각하는 우리 교우들이 되었으면 좋겠다.

최고의 자리만 바라는 사람들

우리나라 축구선수로는 처음으로 독일 분데스리가에 프로선수로 진출했던 '차범근' 선수의 일화가 온 국민의 관심거리였던 적이 있다. 그가 몇 골을 넣었는지...; 그가 독일에서 누리는 인기는 어떤지... 하는 것들은 우리 국민의 자존심이기도 했다. 한번은 그가 시합 중에 골을 넣지 못하고, Assist만 몇 차례해서 그가 속한 팀이 우승하는데 큰 역할을 담당한 적이 있다. 바로 그때 신문에 이런 평의 글이 실렸다. 「Assist를 해주기보다는 골을 넣어라...」 다른 사람이 골을 넣도록 도와주기보다는 직접 골을 넣어야 사람들이 관심을 갖는다는 얘기였다. 2등은 아무도 기억해주지 않는다는 뜻의 논조였다.

최고만을 추구하고, 최고의 자리에 앉는 것만을 인정해주는 것이 인간사회의 속성이다. 아담 이후로 인간은 최고자리 지향바라기가 되고 말았다. 그래서 교회도 최고의 자리...; 최고의 일만을 요구하는가 보다. 위니펙에서 제일가는 교회...; 캐나다의 중심이 되는 교회, 앞장서서 주의 일을 하는 교회라는 구호성의 설교나 기도가 먹혀 들어가는 풍조가 되었다는 말이다.

그러나 주님이 오늘 여기 계신다면 과연 어떻게 말씀하실까? 그분은 최고를 찾고, 최고만이 최고인 줄 아는 교회당 안에는 있을 곳이 없어서, 또 교회당 밖을 서성거리지는 않을까? 올해 우리교회 표어는 「역사를 창조하는 교회」라고 잡아보았다. 이 표어가 최고의 자리를 겨냥한 표어가 되지 않았으면 좋겠다. 최고의 자리, 이웃과 이웃교회를 내리누르고 낮추어 보는데 익숙한 또 하나의 교회의 자리를 만들지는 않았으면 좋겠다. 우리 본래의 속성이 그렇다 하더라도, 자꾸만 고개를 숙이는 훈련을 하는 것이, 진정 '역사를 창조하는 교회'가 되는 길이 아닐까?

비빔밥 (1)

8월 첫째 주일에는 유난히 빈자리가 많았다. 오랜만에 휴가들을 떠난 분들이 앉아있던 자리들이다. 무더운 날씨에 휴가를 가는 것이 당연하다고 생각하면서도 막상 많은 사람들이 자리를 비우니 '가지 않았으면...'하는 생각이 든다. 그런 것을 보면, 나도 이기주의 혹은 개인주의의 첨단을 달리는 사람인가 보다.

어쨌든, 첫째주일은 비빔밥을 먹는 날이다. 나물이든, 혹은 다른 반찬이든 한 사람이 한 가지씩 준비를 해 와서 함께 만드는 것이다. 그런데 거의 반 이상이 교회를 떠나 있으니, 비빔밥이 될 수 있을지 걱정이 되었다. 여기 저기 연락을 했더니, 이미 연락들을 했다고 했고, 참석하지 못하는 사람은 비빔밥에 들어갈 나물은 준비해 놓았다고 했다.

주일 예배 후 함께 먹은 비빔밥은, 지금까지 연합교회당이 생긴 이래로 가장 맛있었다. 교회당에 빈자리가 그렇게 많았었는데 비빔밥은 더 맛있었다는 것은 무엇을 말하는 것일까? 그건, 빈자리가 많으니, 그 빈자리를 나라도 채워야겠다고 생각해서, 다른 사람의 짐을 나누어 진 분들이 많았다는 것이다.

난 비빔밥을 먹으면서 가슴이 따뜻해졌다. 그렇다. 바로 이게 우리가 살고, 교회가 사는 법이다. 우리 교회의 마음이 따뜻하다는 증거이다. 평소에는 알지 못하고 느끼지 못하던 이웃과 형제를 생각하는 마음이, 어려울 때는 드러날 수 있다는 얘기다. 그래서 우리에게는 소망이 있어서 어려울 때도 견딜 수 있는가 보다. 우리들 모두가 그런 마음을 평소에도 갖는다면, 그런 자세로 평상시에도 책임을 다하려 한다면, 우리 주변에는 결코 힘들어서 교회를 멀리하거나, 신앙을 포기하려는 사람들은 없을 것이다. 언제나 맛있는 비빔밥의 마음을 즐길 수 있을 것이다.

비빔밥 (2)

지난주간에 위니펙의 유명한 잔치 가운데 하나인 민속제전(Folklorama)이 민족별로 있었다. 우리나라의 멋 가운데는 어깨를 들썩거리게 하는 「사물놀이」가 있지만, 그보다 더 가슴 설레게 하는 것은 '부채춤'이 아닌가 싶다.

 그리스도를 닮고자 하는 작은생각

둘째 날 저녁은 우리 교회가 비빔밥을 준비해서 봉사하는 분들과 공연하는 분들에게 대접했다. 여러분이 수고해서 우리 교회의 솜씨로 섬길 수 있었다. 비빔밥을 먹을 때마다 우리 교회에서 준비한 것이 참 맛있다고 느낀다. 비빔밥은, 섣달 그믐날 저녁에 남은 음식을 해를 넘기지 않기 위해 비벼 먹는 데서 유래되었다고 한다.

그렇다면 비빔밥에는 - 1) 남은 것을 버리지 않겠다는 절약의 정신이 있다... 2) 여러 종류의 음식을 함께 섞어서 먹는다. (영양식이다) 3) 꼭 들어가야 할 것들만 넣는다. (맛을 버리는 것이나, 몸에 해로운 것이나, 맛을 내는 데 적합하지 않은 것은 넣지 않는다) - 와 같은 특징이 있다.

사람이 함께 도우면서... 혹은 사랑하면서 산다는 것은 비빔밥을 만들어 먹는 것과도 같다. 첫째 우리 한국에는 「깍두기 문화」라는 것이 있다. 어려서 동네에서 아이들과 어울려 놀이를 하면, 나이가 차지 않은 아이가 어울리는 경우가 있다. 아이들은 그 아이를, 나이가 맞지 않는다고 돌려보내지는 않는다. '깍두기(점수와 상관없이 언제나 함께 놀이를 할 수 있는 역할)'를 맡겨서 함께 어울리곤 한다. 약한 사람, 아직은 게임에 익숙하지 못한 사람을 챙기는 것이 깍두기 문화요, 비빔밥을 만들어 먹는 마음이 아닌가 싶다. 둘째는 서로 다른 종류의... 혹은 다른 성격의 사람들이 함께 산다는 것이다. 살아가는 모습이 다르고, 생각하는 것이 다르고, 사람의 질이 조금 달라도 함께 어울려서 묘한 맛을 내는 것을 뜻한다. 셋째는 서로 다른 사람이 섞인다고 해도, 한 가지 공동의 목적이 있다. 정치를 목적으로 모인 사람들...; 사업을 목적으로 모인 사람들...; 사회 선교를 위해 모인 사람들... 다 제각기 다른 배경을 지녔지만, 공동의 선(善)을 위해 자기 자신을 절제해야 한다는 공통점이 있다.

우리 교회는 연합교회다. 1925년 장로교, 감리교, 회중교회가 한마음으로 모였다. 서로 다른 전통과 배경을 지닌 교회가 예수의 이름으로 모여 하나가 되었다. 비빔밥이라고 해서, 여기에 우리 개인의 생각이나 사상 모두를 수용할 수 있는 것은 아니다. 예수님의 이름으로 모였다는 것은, 예수님의 생각과 뜻을 위해서 내 것을 잘라버릴 수 있어야 한다는 뜻이기도 하다. 예수님 안에서 만들어진 비빔밥 같은 교회 - 그 맛의 이름은 '사랑'이라고 붙일 수 있을 것이다. 오늘 나는 문득 이런 생각이 든다. 사랑이라는 맛을 내는데 불필요한 것을 가지고 사람들을 만나지는 않는가? 사랑의 맛을 내는데 방해되는 내 생각은 없는가? 그렇게 비빔밥을 만들어 가는 교회를 섬기고, 그런 사람을 만들어 가는 사람이 참 하나님의 사람의 길에서 벗어나지 않기를 소망한다.

초보 그리스도인

이곳 캐나다에서는 한국인들이 동네 축구를 즐기듯 거의 대부분의 사람들이 골프를 친다. 테니스를 치는 것보다 골프를 치는 것이 비용이 덜 드니, 새로 오는 이민자마다 골프장을 찾지 않는 사람은 없다.

내 경우, 비록 연중행사처럼 1년에 한두 번 골프를 치기는 하지만 골프라는 것이 괜찮은 운동 중에 하나라고 생각한다. 나는 초보에 '초'에도 들지 못하지만, 골프를 즐기면서 동시에 잘 칠 수 있는 사람들은 나와 같은 '초보수준'은 벗어난 것 같다. 그런 사람들은 대부분 아주 오래 전에 골프를 시작해서인지, 안정적으로 경기를 풀어나가곤 한다. 무엇보다 그들에게는 '남보다 잘 치겠다…’는 경쟁의식이 별로 없다는 그런 사람들은 그냥 골프 그 자체를 즐길 뿐, 그것으로 「자신을 내세우겠다, 자기 점수를 낮추어 보겠다.」는 생각은 없다. 이런 것을 보고 「마음을 비우고 친다」고 하는 것인가…?!

언젠가 Par 5에서 왔다 갔다 하면서 실수를 거듭한 적이 있다. 그 이유는 머리로는 수없이 ‘마음을 비우자. 몸에 힘을 빼자’ 라고 강조하고 또 강조하면서도, 몸에는 힘이 잔뜩 들어가기 때문이었다. 골프에 익숙한 사람도 간혹 그런 경험을 한다고 한다. 하물며 초보자인 나는 더하지 않았을까? 그래서 골프를 시작한지 4-5년은 지나야 몸에 힘을 빼고 자연스럽게 골프채를 휘두를 수 있다는 말이 있는가 보다.

주님은 교회의 머리요, 교회는 주님의 몸이란 말씀이 있다. 머리이신 주님의 말씀을 읽고 또 읽고 암송하고 묵상하면서 은혜를 경험하지만, 세상이라는 골프장에 나가면, 나도 모르게 은혜 없이, 율법적인 환경이나 습관 때문에, “나 혼자서 잘해보겠다…”는 생각을 하게 된다. 신앙생활을 오래하고, 영성이 깊어지면, 먼저 자기를 비우는 데 익숙해진다는 말이 정말 맞는 것 같다. 마음을 비우고, 자기 욕심을 버리고, 자기 자랑을 버려야 제대로 골프를 치고, 즐길 수 있는 것처럼, 그래야 주님의 말씀이 나를 통해서 세상에 나타나는 것이요, 신앙생활이 멍에가 아니라 즐거운 것이 된다는 말이다.

교회를 섬기면서 간혹 짐이 되는 부분이 있다.

예배를 드리면서도 ‘힘들어서 못하겠다…’는 생각이 들 때도 있다.

그것은 아직도 나 자신이 「신앙의 초보자」이기 때문이다.

아직도 부지런히 비워야 한다는 말이다. 비우는 연습을 해야겠다는 말이다. 잡을 줄로 여기지 아니하고 여전히 앞을 바라보면서 달려갔던 바울과 같이…

봄의 준비 - 낙엽 긁기

어제는 모처럼 아이들과 함께 집 앞의 낙엽을 긁었다. 새로 이사 온 사택은 전에 할아버지 할머니가 사시던 곳이어서 오랫동안 낙엽을 긁지 않았던 모양이다. 그래서인지 겨우내 쌓인 눈이 녹으면서 그 밑에 아주 단단하게 눌어붙어 있는 낙엽을 긁어내는 것이 꽤 힘이 들었다. 지난 가을에 긁어냈어야 했는데, 아마 노부부가 하기에는 힘이 부쳤던 모양이다. 눈은 녹았지만, 여전히 바닥에 단단하게 눌러 붙은 낙엽을 긁어내는 것은 쉽지 않았다. 가을에 긁어주는 것보다 두세 배는 더 힘이 들었다. 그렇다고 해서 긁어내지 않을 수도 없었다. 잔디가 잘 자라도록 하려면 꼭 필요한 작업이었기 때문이다. 그렇게 낙엽을 긁어내니 그 밑에 눌려있던 푸른 잔디가 고개를 쳐들기 시작했고 그걸 보면서 비로소 이젠 정말 봄이구나 하는 느낌이 들었다. 봄이 왔지만, 그동안 푸른 싹을 보지 못했기 때문에 봄이라는 느낌을 갖지 못했던 것이다.

낙엽을 긁으면서 이런 생각을 했다.

늘 일상적으로 하던 일이지만 쇠약한 노부부에게 그것은 힘에 부치는 노동이 되는 것이다. 내버려두고, 그래서 나중에는 그 일을 하기가 더 어려워진다.

영적으로 쇠약해지면, 새 생명이 기지개를 펴고 일어나도록 하는 일을 할 수가 없다. 따뜻한 예수님의 계절에 대한 소망도 있고, 그 약속을 소유하고 있음에도 불구하고, 쇠약해져 있기 때문에 그 약속을 누리지 못하는 것이다. 교회는 하나님의 것인데, 마치 하나님의 약속이나 능력과는 상관없는 것처럼 시들어 가는 모습을 띠게 된다. 영적으로 나태해지지 않아야 되는 이유가 바로 여기 있다. 우리의 겉 사람은 날로 부패하지만 속사람은 새로워진다는 고백이 바로 우리의 고백이 되도록 힘써야 할 것이다. 우리 가정, 우리 교회가 강건해짐으로 우리가 사는 공동체에 푸릇푸릇한 생명의 소식을 전하게 될 것이기 때문이다.

언제나 남의 떡이 좋아 보인다

아이들이 자기들 싸인(Signature)을 연습하는 것을 보고 한 마디 했다. '아빠 어릴 때는 싸인이라는 게 없었다' '그럼 어떻게 했느냐?'고 묻기에, 도장을 보여주었다. 인주가 없어서 입김을 불어 찍어보니, 흐릿하나마 「金鍵」이란 이름이 찍혔다. 그걸 보고 감탄을 하면서, '자기들도 도장이 있으면 좋겠다...'는 얘기를 했다. 자기들이 보기에는 싸인 보다는 도장이 좋았던 모양이다. 내가 한국에 있을 때는 도장 찍는 것이 불편하다고 생각되어, 서양처럼 싸인이 제도화되면 좋겠다는 생각을 한 적이 있다. 이런 것을 보면 「사대주의 - 혹은 열등의식」 은, 사람이라면 누구나 가지고 있는 속성 가운데 하나인 모양이다.

신앙인으로서 우리가 받은 은사나 재능도 그렇고 우리가 섬기는 교회도 그렇다. 내가 섬기는 교회야말로 내게 진정한 영적 유익을 주는 곳이요, 내게 주신 은사야말로, 내게 가장 필요한 것이라는 자부심이 있어야 한다. 다른 사람의 은사를 부러워하거나 혹은 이웃 교회를 기웃거리는 것은 '우리'는 물론이요 '나 자신'에게도 좋지 못하다. 하나님은 우리의 필요를 분명히 아

는 분이기 때문이다. 그래서 송명희 자매는 「공평하신 하나님」을 노래했는
가 보다. 그리고 우린 그런 믿음이 없기 때문에 불평이 나오고 원망이 쌓이
는 것이겠고...

캐나다에 와서 싸인만을 하다보니, 이젠 도장을 찍던 시절이 오히려 그리
워진다. 어느 하나를 가지고서는 만족할 줄 모르는 전형적인 욕심꾸러기의
모습이 바로 여기 있다. 내가 섬기는 교회가 내게 전부라는 생각으로 따르
고, 내게 주신 은사가 내게 전부라는 자세로 믿고, 내가 만나는 사람들을 성
실하게 섬길 때, 욕심을 버리는 길에 들어서는 것이라 생각된다. 하루 살면
조금 더 욕심이 없어지고, 하루를 더 살면 그만큼 더 욕심이 없어지는 그런
사람이 되고 싶다.

이중장부

엊그제 농약문제를 다룬 신문기사를 보았다. 화학농약으로 병들어 가고
제 역할을 못하는 땅을 살리기 위해 (궁극적으로는 사람 살리기 운동) 농약
을 쓰기보다는 먹이사슬천적을 이용해야 한다는 내용이었다. 환경문제가 날
이 갈수록 심각해짐을 느껴서인지 '참 잘하는 일이다...'는 생각과 함께 심정
적으로나마 한편에 서고 싶었다.

여기 「심정적으로 한편된다」는 말에 얄팍한 속성이 있다. 심정적으로 한
편이요, 심정적으로 열화 같은 지지를 보낸다고 해도, 실제로는 그렇지 않을
수 있다는 말이기 때문이다. 지난주간에 위니펙에 모기가 많아서 시당국에

서 모기약을 공중 살포한다고 했다. 이에 환경을 생각하는 사람들이 반대한다는 얘기도 들었다. 그때 나는 분명히 모기약 뿌리는 걸 아주 잘하는 것이라고 생각했었다. 왜냐하면 모기에 물리는 것은 내 몸과 직접적으로 관련이 있기 때문이다. 환경문제에 대해 민감한 반응을 보이고, 그 일을 찬성하지만, 그것은 어디까지나 내가 불편하지 않은 범위 내에서 그렇게 할 수 있다는 말이다.

사람이 함께 더불어 살아간다는 것도 예외는 아니다. 성경이 말하는 원칙에 대해 열화 같은 지지를 보내기도 하고, 그 일과 관련해서 날카롭게 비판을 가하기도 한다. 그러나 그것이 나 자신의 이익이나 체면, 혹은 나와 가까운 사람의 문제와 관련이 있다 싶으면, 일단은 한 걸음 물러서는 경우를 흔히 볼 수 있다. 이는 심정적으로 함께 하기 때문이다. 「심정적으로 함께 한다, 혹은 함께 하고 싶다.」는 말은, 때로는 좋게도 볼 수 있지만, 실상은 그렇지 않은 경우가 더 많다. 이건 하나님 앞에서 이중장부를 쓰는 것과 같다. 올바르지 못해도 내 이윤을 극대화시켜주는 장부가 있고, 진실을 얘기해도 때론 내게 손해를 끼치게 하는 장부도 있다. 심정적으로 동조하지만, 여차하면 피할 자리를 찾는 것은 영적 이중장부를 쓰는 것과도 같다. 사람들은 속일 수 있다. 그러나 하나님의 감사(監査) 앞에서 숨길 수 있는 장부는 없다. 오늘 다시 나의 인생장부를 다시 정리해 본다. 그리고 처음부터 새롭게 하시는 그분 앞에 이 장부를 열린 마음으로 펼친다.

은사가 다르다

부엌에서 사용하는 페이퍼타월과 화장을 닦아내고 코를 푸는데 사용하는 클리넥스는 서로 용도가 다르다. 양쪽 다 닦을 때 쓴다는 점에서는 일치할지 모르지만, 쓰이는 곳과 그 성질은 전혀 다르다는 뜻이다. 질적으로 따져보면 클리넥스가 더 좋아 보이고, 상대적으로 조금 거친 페이퍼타월은 덜 좋아 보일 수 있다. 그렇다고 클리넥스로 그릇을 닦아내고, 상을 훔칠 수는 없는 일이다. 언젠가 한번 클리넥스로 그릇의 물기를 닦아본 적이 있었다. 페이퍼 타월과 큰 차이가 없을 것이라고 생각했던 것과 달리 물에 닿자마자 무슨 풀같이 풀어져 다시 물로 헹궈 낼 수밖에 없었다. 클리넥스로 땀을 닦은 사람의 얘기를 들은 적이 있다. 자신을 몰랐지만, 옆에 있던 사람들이 그분의 얼굴을 보면서 내내 웃기만 했다고 했다. 얼굴 여기저기에 클리넥스가 붙어있었기 때문이다.

우리의 일상생활을 주의 깊게 살펴보면 모든 것이 「제 자리 찾기」와 관련 되어 있다는 생각이 든다. 어느 것 하나도 제자리에 놓이지 않으면 제 구실을 할 수 없다는 걸 누구나 알지만, 신앙생활을 하고 하나님의 교회를 섬기는 면에서 사람들은 추상적이 되곤 한다.

페이퍼타월로 얼굴의 화장을 지우고 코를 풀려들고, 클리넥스로 그릇의 물기를 닦아내려고 한다. 자기 자신에 대해서도 그렇고, 다른 사람에 대해서도 그렇다. 하나님께서 주신 은사, 혹은 달란트는 재물이기도 하고, 재능이기도 하다. 그러나 중요한 것은, 우리에게 주신 은사가 어느 것이든, 움켜쥐고 있으라고 주신 것이 아니라 필요한 곳에 사용하라고 주셨다는 점이다. 우리 사회의 문제는 주신 은사를 적절한 곳에 사용하지 않는데서 나타나는 것이다. 정치가는 백성을 섬기기 위해 권세를 사용해야 한다. 그렇지 않으면 독재자가 될 것이다. 기업가는 사회의 복지를 위해 기업을 경영해야 한다. 그렇지 않으면 부도덕한 악덕 기업주가 되고 만다. 주님께서 자신의 백성을 부르신 까닭이 있다. 그 뜻을 무시하면 악하고 게으른 종이 될 것이다. 각인에게 주신 은사와 달란트로 서로를 섬기는데서 주님의 뜻이 하늘에서 이루어 진 것처럼 땅에서도 이루어지는 것이다. 오늘 '뜻이 하늘에서 이루어 진 것 같이 땅에서도 이루어지이다...'는 말씀을 다시 암송하면서, 내게 주신 은사 - 다른 사람이 갖지 못한 은사를 어떻게 사용해야 할 것인지를 생각해야겠다.

시골길을 달리면서

캐나다의 한인교회 서부지역수양회 참석차 멀리 에드몬톤을 다녀왔다. 비록 모든 교인이 참석할 수 없어 아쉬움은 있었지만, 참 좋은 시간을 보냈다. 위니펙을 출발해서 사스카툰에서 하루 지내고 다시 출발해서 다음날 수양회 장소인 피젼레이크에 도착한 것은, 집을 떠난 지 약 30시간 후인 오후 5시쯤이었다. 운전하면서 내내 생각했던 것은, '참 멀다'는 것과 '거리를 줄일 수는 없나' 하는 것, 그리고 '정부에서는 왜 이렇게 길을 구불구불하게 닦아 놓았을까?'하는 것들이었다. 위니펙에서 에드몬톤까지 직선으로 길을 닦아 놓았다면, 시간은 물론 연료비도 절약할 수 있을텐데... 하는 생각이 들었다. 그런데 만일 길을 일직선으로 닦아 놓았다면, 그건 위니펙과 에드몬톤에 사는 사람들만을 위한 길이 되고 말았을 것이다. 그것도 두 도시를 가끔 오고가는 사람들만 편리했을 뿐, 사스카툰(Saskatoon, 사스카츄완의 도시)이나 리자이나(Regina , 사스카츄완에 위치한 도시)혹은 그 외 다른 곳에 가려는 사람들에게는 아주 불편한 길이었을 것이다. 다시 말해서 시간이 더 걸리고 연료비가 더 들더라도 일직선 도로를 만들지 않은 것은, 여기저기 흩어져 사는 작은 마을의 더 많은 사람들을 생각하는 마음이라는 것이다.

이것이 하나님의 마음이다.

그리고 이것이 이 땅에 오신 예수님의 마음이요, 그리고 주님의 몸 된 교회들이 닮아야 할 마음이라는 생각이 든다. 나만을 생각해서 나만 편리하면 된다는 이기적인 생각이 아니라, 내가 조금 불편하고 내 물질과 시간이 조금 손해 보는 것 같다고 해도, 기다려주고, 돌아서 가겠다는 마음가짐이 바로 교회가 품어야 할 예수님의 마음이라는 말이다. 나만 생각한다면, 아직도 믿음이 연약한 사람들, 나와 생각이 다른 사람들, 내가 사는 방식과 다른 사람들은 다 무시하고 달려가야 할 것이다.

교회란(혹은 하나님의 백성 됨이란) 먼저 된 사람과 나중 된 사람; 강한 자 약한 자; 부한 자와 그렇지 못한 자; 지식의 정도가 서로 다른 사람들이 주 예수님의 부르심의 자리까지 함께 가는 곳이다. 이것을 위해 서로 조금씩 양보하면서 달릴 때, 우리는 주안에서 하나 됨을 경험하게 되는 것이리라...

엘리베이터

어느 쇼핑몰에서 겪은 일이다. 이층에 올라가기 위해서 엘리베이터를 타고 한참을 기다렸는데도 문이 열리지 않았다. 목적한 곳에 도착하면 자동적으로 문이 열리곤 했기 때문에 잠깐 의아한 생각이 들었다. 그리고 보니 올라가려고 하는 층의 단추를 누르지 않았던 것이었다. 아직 일층에 머물러 있는 것은 너무도 당연했다. 나에게는, 이층에 가야한다는 목적도 있었고, 올라가고 싶다는 생각도 있었지만, 올라가기 위해서 단추를 누르지 않으니, 그 올라가고 싶다는 생각이나 올라가야 한다는 목적은 이루어지지 않은 채, 그냥 목적으로 남아 있었던 것이다.

신앙생활을 한다는 것은 무엇인가? 교회당에 들어와 신자가 된다고 다 신앙생활을 하는 것은 아니다. 교회당에 들어온 사람이 많다고 해서 그 교회가 부흥하는 것도 아니다. 신앙생활을 하는 것처럼 보일 뿐이요 부흥하는 것처럼 보일 뿐이다. 중요한 것은 단추를 누르는 의지적 결단이 우리 개인 개인에게 필요하다는 것이다. 그건 아주 작은 것에서부터 시작되는 것이다.

진정한 마음으로 따뜻한 위로의 말 한마디 해 주는 것에서부터 사랑의 싹이 움트는 것이요, '내가 잘못했습니다.'라는 사과의 말 한마디를 함으로써 교제의 문이 열리게 되는 것이다. '내가 하겠습니다' 자신이 맡은 일을 마다하지 않고 하는데서, 함께 일하며 섬기려는 사람들이 많아질 것이요, 거기에서부터 신앙의 부흥의 불길이 일어나게 되는 것이다.

나를 비롯해서 우리 교우들 모두가 그렇게 작은 일부터 「진짜 신앙생활」을 시작했으면 좋겠다. 그건 내 고집이나 내 생각을 접어두는데서 시작되는 것이다. 내가 먼저 양보하는데서 시작되는 것이다. 그것이 바로 엘리베이터를 타고 단추를 누르는 마음과 같은 것이리라...

옷맵시 (경건의 모습)

요즘 옷을 입을 때마다 한 가지 고민이 생겼다. 그것은 어떤 옷을 입어도 전처럼 제대로 맵시가 나지 않는다는 것이다. 그래서인지 신문 사이의 홍보물 가운데 그럴듯한 옷 선전을 보아도 별 흥미를 느끼지 못한다. 선전하고 있는 옷은 맵시 있고 멋지게 보이지만 내가 입으면 그렇지 않으리라는 것을 알기 때문이다.

이러한 이유는 무엇일까?

배가 나오기 시작한데서 문제가 생긴 것이다. 배가 조금만 나왔을 때는 숨길 수도 있었고 통제하거나 조절할 수 있었다. 그러나 이젠 '힘을 주어서 숨길 수 있는 단계'를 넘어서고 말았다. 내 뜻대로 통제가 안 된다는 말이다. 선전에 나온 모델들이 입은 옷은 멋지지만, 내가 입으면 어울리지 않고, 이전에 입었던 괜찮았던 옷들도 지금은 그 모습은 찾아볼 길이 없어지고 말았다.

이런 고민은 나의 영적인 모습이나 혹은 교회의 모습에서도 찾아볼 수 있다. 이웃교회가 운영하는 프로그램이나 행사를 나 혹은 우리교회에게 그대로 적용할 수가 없다는 것이다. 미국의 몇몇 교회들, 한국의 유명한 교회들이 적용하여 성공한 프로그램들이 다투어 소개된다. 그러나 그건 내가 입으면 맵시가 나지 않는 옷과도 같다. 프로그램이나 행사 자체가 문제가 아니라, 나 자신의 영적인 맵시, 우리교회의 신앙의 맵시가 문제라는 것이다.

다시 옷맵시를 위해서 운동을 시작해야겠다.

다시 영적 경건함을 위해 달리기를 시작해야겠다.

다시 교회의 허리띠를 졸라매고 예수를 향해 달려야겠다.

어떤 옷을 입어도 맵시가 나고, 어떤 프로그램을 가지고 와서 실행한다고 해도 아름답게 적용될 수 있는 교회가 되도록, 이곳 공동체와 사람들에게 제대로 영적인 옷을 선전할 수 있도록 말이다.

동지(同志)가 있으면

서울에서 「복음 전도 세미나」에 참석했을 때의 일이다. 세미나 참석자 가운데, 남자보다는 여자가 더 많아서인지, 화장실 문제가 심각했다. 특히 여자의 경우에는 화장실이 모자라서 발을 동동 구르기도 하고, 급하면 남성 화장실을 이용하기도 했다. 평소 화장실은 광경은 여자가 혼자, 혹은 둘이 남자 화장실에 순서를 기다리다가도 남자가 용변을 보기 위해 들어가면 황급하게 나가버리곤 했었다. 그래서 남자 참석자들은 늘 여유 있게 자기들만의 화장실을 자유롭게 사용할 수가 있었다. 남자화장실에는 여자들 10여명 정도가 자기 순서를 기다리고 있었다. 남자인 내가 들어갔는데도 자리를 뜰 생각을 하지 않았다. 이전 같으면 얼굴을 붉히면서 뛰어나가야 하는데, 오히려 나를 보면서 자기들끼리 웃고 잡담하며 기다리는 것을 즐기는 것 같았다. 할 수없이 내 얼굴이 달아올라서 그 자리를 피하고 말았다.

동지(同志)가 생기면 그렇게 당당해지고 자신감을 갖게 되는 모양이다.

비록 그 화장실을 자신들이 이용할 권리가 없다고 해도, 동지가 있으면 견딜 수 있고, 뻔뻔스러워질 수 있는가 보다. 인생길에서, 그렇게 마음을 나눌 수 있는 동지가 생기고 같은 편이 생긴다는 것은 좋은 일이다.

하물며 좋은 일에 동지가 된다는 것은 얼마나 좋은 일인지를 생각하게 된다. 교회는 하나님의 일을 위한 동지들이 함께 모인 곳이다. 하나님은 그 일을 위해 동지가 되려고 이 땅에 오셨다. 동지가 되는 일을 위해서 수모를 받으시고 십자가에 처형당하셨다. 그리고 동지가 되는 방법에 대해 말씀해 주셨다. 그건 자신을 낮추고 섬기는 것이다. 오늘 우리 교회가 자신 있게, 당당하게, 우뚝 서는 방법이 있다. 그건 우리 모두가 동지(同志)가 되는 것이다. 예수님을 중심으로 동지가 될 때, 우리는 하나님의 큰일을 이루는 공동체가 될 수 있을 것이다.

오케스트라 연습

아이들이 단원으로 활동하는 「위니펙 청소년 오케스트라」의 연습하는 곳에 들렀는데 마침 성인 심포니 오케스트라와 협연한다는 얘기를 들었다. 토요일 저녁의 본(本)공연에는 참석하지 못할 것 같아 연습만이라도 구경하려고 기다리다가 그 연주에 큰 감동을 받았다. 베토벤의 운명 교향곡을 연습하는데, 그렇게 장엄할 수가 없었다. 가슴을 적시는 감동으로 그 자리에 얼어붙은 채로 움직이지도 못하고 서서 감상했다. 옆에 있던 사람이 '오늘 입장료를 내야겠다...'고 할 정도로 그 자리에서 느꼈던 감동은 대단한 것이었다. 연습하는 것이 이렇게 감동적이라면, 실제 공연은 그 이상으로 멋질 것을 생각하니 왜 사람들이 비싼 입장료를 지불하는지를 충분히 이해할 수 있었다. 집에서 CD나 혹은 라디오로 듣는 음악과는 감히 비교할 수 없을 정도로 그날 연주는 장엄하고 아름다웠다.

성경은 우리의 미래 소망에 대해 이렇게 말한다. '우리가 이제는 거울로 보는 것 같이 희미하나 그 때에는 얼굴과 얼굴을 대하여 볼 것이요 이제는 내가 부분적으로 아나 그 때에는 주께서 나를 아신 것 같이 내가 온전히 알리라.'

음악을 듣기 위해서 아무리 좋은 오디오 시스템이 있고 좋은 CD를 장만한다고 해도 실제 연주를 듣는 것과는 비교할 수 없다는 말과도 상통하는 말씀이다. 성경을 배우면서도 성경의 약속에 대해서는 실감하지 못할 수가 있다. 교회에서 가르치고 주장하고 부르짖는 것들이 먼 나라의 얘기처럼 느껴질 수도 있다. 혹은 거기서 주어지는 감동이나 확신이 있다고 해도 그건 잠깐이라고 느낄 수도 있다. 옳은 말이다. 그러나 그 잠시 잠깐의 느낌은 그야말로 빙산의 일각일 뿐이다. 우리들의 삶의 현장은 그것만 보고... 그것이 전부인 것처럼 생각할 수밖에 없는 제한적인 공간과 시간 속에 자리한다. 그래서 너무나 자주 하나님의 약속을 제한하고 축소시켜 버리곤 한다. 그래서 교회생활이 그저 그렇고... 믿음생활에 활력이 없다. 예수를 믿어도 기쁨이 없다.

그러나 이제 우리는 알아야 한다. 아직은 오디오 정도로 듣고 보는 정도라는 것을... 본 연주회가 가깝다는 사실을 말이다. 그래야 이 땅에서 예수님 닮은 신자로 살 수 있다. 예수의 제자들이 그림자를 보면서 약속을 손에 쥔 것처럼 살았듯이, 우리도 그렇게 살면서 예수님의 참 모습을 드러내게 될 것이다.

개수대를 고치면서

이사를 하고나니 손볼 것이 한두 개가 아니었다. 부엌의 싱크대가 너무 낡아 물이 새길래, 거기에 맞는 부품을 사다가 끼웠다. 그러나 집의 공구로는 크기가 맞지 않아 제대로 조일 수가 없었다. 그냥 고무장갑을 끼고 억지로 조여 봤지만 여전히 물이 방울방울 맺혀 한쪽 싱크에는 전혀 사용할 수가 없었다. 교우들에게 전화를 해서 알아보았지만, 크기가 맞는 공구는 구할 수 없어 주일까지 기다릴 수밖에 없었다. 주일 오후 집사님 한분이 오셔서 고쳐주신 후로는 물이 새지 않아서 편하게 쓸 수 있었다.

부품은 분명 새것이었다. 그것이 마음에 들지 않거나, 불량품이거나 하면 언제든지 교환할 수 있는 보증서도 있었고, 부품을 고치는 법도 알고 있었다. 그러나 그것만으로 싱크대를 고쳐서 사용할 수 있는 것은 아니었다. 거기 맞는 공구가 없었기 때문에 제대로 사용할 수 없었다.

세상에는 남보다 탁월할 정도의 재능(혹은 달란트)을 갖춘 사람이 많다. 특히 내가 섬기는 교회는 이웃 교회나 한인사회로부터 「인적자원」이 풍부하다는 얘기를 듣곤 한다. 누구나 자신이 섬기는 교회가 좋은 교회가 되어야 한다는 필요성을 인식하기도 하고, 그렇게 되길 바란다. 그런데 그런 생각이나 소망하는 것들이 이루어지는 경우는 흔치 않다. 왜냐하면 거기에 맞는 공구가 없기 때문이다.

그렇다면 그 공구는 무엇이라고 할 수 있을까?

그것은 주의 일을 위해서 헌신하겠다는 자세라고 생각한다. 곧, 주의 일을 위해서 자신의 고집을 꺾는 결단이 있어야 한다는 말이다. 우리의 문제는 좋은 자원이 없다는 것이 아니라, 그 자원이 있으면서도, 그것도 아주 풍부

하게 소유하고 있음에도, 제대로 누리지 못하는 것이다. 그런 생각을 하면
마음이 답답해진다.

오늘은 성탄절 전날이다.

이 성탄의 계절에, 이런 답답한 마음을 함께 나누면서, 주님의 오심을 다
시 생각하고 싶다.

건강은 지켜야 할 것

인생을 아주 오래 산 어른들께는 죄송한 얘기지만, 40줄에 들어서니 이젠
몸이 옛날 같지 못하다는 느낌을 받는다. 운동을 하면서 체력을 유지하려고
애 쓸 때는 그런 대로 몸이 가벼웠는데, 그나마 하지 않으니, 점점 몸이 후
패(朽敗)하는 것 같다. 언젠가 신문의 「건강코너」에서 한 주일에 줄넘기를
30분씩 4일만 하면 체력의 50%에서 60%가 회복된다는 것을 보고 줄넘기를
한 적도 있지만, 지금은 그것도 옛날 얘기가 되고 말았다. 그러다 보니 유행
성 감기라는 손님도 맞이하게 된다. 몸에 열이 심하다보니, 아이들에게 따뜻
한 말을 해주지 못했다. 그리고 나서 후회했지만, 이미 버스는 지나간 상태
여서 돌이킬 수 없었다. 내가 건강하고 기분이 산뜻해야 다른 사람을 향해
서 따뜻한 말을 할 수가 있다는 말이다.

건강 - 그건 신앙인의 건강을 말하는 것일 수도 있고, 혹은 교회의 건강이
라고 말할 수도 있는 것인데 - 이란 아무리 강조해도 지나치지 않다. 건강
한 교회(신자)라야, 자신들을 필요로 하는 사회에 줄 것이 있고, 줄 수가 있

다. 자신들이 살아가는 이유나 존재하는 이유를 설명할 수 있고, 100점짜리 신자(교회)역할을 할 수 있다. 그러나 교회가 건강하지 못하다면, 마음은 있지만, 그 마음을 표하기 어렵고, 결국 사회를 향해 짜증만 내고, 이웃과 형제를 향해서 원망의 소리만 늘어놓게 되는 것이다. 건강해야 한다는 말이다. 그러나 건강은 저절로 얻어지는 것이 아니다. 건강은 지켜야 하는 것이요, 지키기 위해서는 무던히 애쓰지 않으면 안되는 것이다. 신학적인 이론이 난무하고, 사람들의 생각과 사상이 어느 시대보다 더 예리하게 우리 사회의 문제들을 지적하지만, 그것만 가지고 되는 것은 아니다. 그런 것들은 오히려 우리 사회가 가지고 있는 약점이나, 질병들을 더 열악한 곳으로 몰아넣을 수 있다. 교회나 신자가 건강하지 못하면 그렇게 된다는 말이다.

부흥이란 말을 오래 전부터 들어왔다. 신앙인들 가운데 '부흥'이란 말을 모르는 사람은 없다. 그만큼 '부흥'이란 말은 우리에게는 익숙한 단어다. 그렇다면 「부흥」이란 무엇일까? 건강해지는 것이다. 마음도, 생각도, 그리고 말하고 행동하는 면에서도 건강해져야겠다는 것이다. 이를 위해서는 몸부림을 치기도 하고, 땀을 흘리는 수고도 필요하다. 그래야 우리 겉 사람은 날로 후패(朽敗)하나 우리 속사람은 날로 새롭게 될 수 있다.

교회를 섬기는 목사로서, 내가 먼저 뛰어야 한다. 내가 먼저 땀을 흘리면서 내게 주어진 결승점까지 부지런히 달려야 한다. 언제 주님 오실 지 알 수 없고, 언제 주님 날 부르실 지 알 수 없는데, 내게 주신 운동장에서 한가하게 구경만 할 수는 없는 것이다. 우리, '부흥'이란 결승점을 보면서, 함께 달려가도록 하자.

마이크

교회당에서 사용하는 앰프와 마이크는 질이 좋으면 좋을수록 쓰기 편하다. 꼭 값이 비싼 것을 고집 하는 것은 아니지만, 마이크에 별로 신경 쓰지 않고 말씀을 전하고 싶기 때문이다. 한국에 있을 때의 일이다. 어느 교회 헌신예배를 인도하던 중에는, 갑자기 정전이 되어서 촛불을 켜고 마이크는 없이 설교하면서 꽤 애를 먹은 적이 있었기에, 마이크에 대해 신경이 많이 쓰이곤 한다. 우리 교회당에서도 마이크가 제 역할을 못한 적이 몇 번 있었다. 몇 주 전부터는 소리가 잘 들리지 않는 것 같았다. 나뿐 아니라 다른 분들도 그렇게 느낀 것 같았다. 앰프의 음량을 높여보았지만, 별 효과가 없었다. 지난주일 예배를 마친 후, 집사님 한 분이 손을 보면서, 마이크 안에 있던 건전지를 교체해 주셨다. 그리고 나니 이전처럼 말하기도 수월했고, 듣는데도 문제가 없었다. 마이크 안에 건전지가 수명이 다한 것을 모르고, 앰프만 탓했던 것이다.

설교자는 말하고 싶은 것이 있고, 청중은 듣고 싶은 것이 있다. 그러나 마이크가 제 역할을 못한다면, 둘 다 힘이 들 것이다. 답답할 것이다. 하나님과 세상의 관계도 마찬가지다. 하나님은 말씀하고 싶어 하신다. 그리고 세상은 하나님을 만나고 싶어 한다. 제대로 만나지 못하면 자기방식으로 하나님을 만들어서, 그 하나님을 자기 방식으로 예배하게 된다. 따라서 하나님을 제대로 만난다는 것은 너무 중요한 일이다. 그런데 그 하나님을 제대로 만나도록 해 주는 역할을 누가 해야 하는가? 그것은 교회(우리, 나 자신)다. 교회를 교회 되게 하는 건전지(성령 충만)가 약해진다면, 교회당이 있고, 주일마다 예배를 드리고, 성경공부를 하고 친교를 나누지만, 그 교회를 통해서는 하나님의 음성을 들을 수 없다. 희미하게 들려오는 소리를 듣고자 애만 쓰다가 그만 포기하고 다른 곳으로 가고 말 것이다. 이웃 교회당을 찾아가든가, 아니면 다른 종교를 통해서 자신의 영적 갈급함을 해소하려고 할 것이다.

성경은 '깨어있으라...!'고 권면한다. 그래야 성령의 사역에 민감할 수 있고, 우리 자신의 상태를 정확하게 진단할 수 있다. 건전지가 약해지면 마이크는 제 역할을 할 수 없다. 성령으로 충만하지 않으면 우리교회(나)는 제 역할을 할 수 없다. 우리 모두 성령 충만을 사모하자. 성령 충만을 위해 함께 모여 기도하자. 주님의 놀라운 일을 전하는 교회가 될 것이다.

「밴프 레이크 루이스」에서

지난주간에 한국에서 형님 내외분이 위니펙을 방문하셨다. 처음 오신 곳이기도 하고..., 또 위니펙에는 딱히 갈만한 곳이 없기에, 어느 곳으로 안내를 할까 고민 중에, 멀리 밴프에 가기로 했다. 비록 먼 곳이기는 하지만, 그래도 캐나다의 자랑거리 중에 하나를 보여드리고 싶었기 때문이었다. 이른 아침 출발해서 장시간 운전을 하고, 다음날 밴프의 Lake Louise로 안내했다. 주차장에 차를 세워놓고 올라가는데, 날씨가 몹시 추웠다. 깊은 산중이라서 그렇겠거니 하고 올라갔는데, 이게 웬일인가? 그 아름다웠던 호수의 물이 꽁꽁 얼어있었다. 하얗게 눈이 덮인 로키 산맥의 아름다움과 어우러진 옥색의 호수를 볼 수 없었던 것이다. 사실 밴프를 가는 목적 가운데 하나는 그 호수를 보는데 있었기에, 그 속상함이란 이루 말할 수 없었다.

물론 호수가 사라지고 없는 것은 아니었다. 그 호수는 거기 그대로 있었다. 너무 이른 철에 간 것이 문제였고, 그 사실을 생각하지 못하고 찾아간 나 자신이 문제였다. 그러나 이제 조금 후에 날이 풀리면 그 호수는 자신의 아름다움을 맘껏 드러낼 수 있을 것이다.

사람이나 교회를 향한 우리네 마음도 이런 일을 겪을 때가 있다.

내가 기대하는 것을, 내가 기대하는 때에, 내가 기대하는 모습으로 나타나기만을 원한다는 것이다. 아직도 풀릴 준비가 되지 않았는데, 아직은 어린 신앙인인데, 아직은 자라고 있는 교회인데, 그 아직도...라는 사실을 생각하지 못하고 성급하게 내 기준에 맞추라고 강요할 때가 있다는 것이다. 내가 정해놓은 기준에 부합하지 못하니, 실망하고, 비난하고, 손가락질하면서 문제꺼리를 만들고(사실은 문제가 아닌데도), 그러면서 아픔을 겪게된다는 것이다.

날이 따뜻해져야 얼었던 호수는 풀리는 것이다. 교회(나 자신, 교우 한 사람 한 사람)가 따뜻해져야 한다. 그것은 바로 사랑하는 것이고, 양보하는 것이고, 자신의 고집을 꺾는 것이다. 그래야 얼었던 인간관계가 풀리고, 얼어붙었던 교회의 아름다움이 드러나고, 주님의 사랑의 복음이 전해지는 것이다. 얼어있다는 것만을 탓하기 전에, 내가 성급했던 것을 반성해야겠다. 기다림은 믿음이요 사랑이기 때문이다.

설날

어제는 구정(舊正)이었다. 우리나라에서는 오래 전에 이중과세문제로 신정을 지킬 것이냐 구정을 지킬 것이냐 갑론을박했었다. 그러다가 최근에는 구정을 우리의 전통적인 「설날」로 지키게 되었다. 물론 신정도 휴일이지만, 그건 단지 형식적인 날 일 뿐이다. 그런데 어제 라디오에서 구정을 가리켜서 「Chinese New Year's Day」라고 하는 것을 들었다. 그것도 한두 번이 아니고 계속해서 강조하면서 베트남과 한국, 그리고 아시아의 소수 민족들도 함께 지킨다고 부연설명까지 해주었다. '아니, Chinese New Year's Day 라니...!' 하는 말이 절로 나왔다. 나의 민족적 자존심에 비추어 봤을 때는 '음력설'이라고 하는 편이 더 타당하다는 생각 때문이었다. 그럼에도 나는 그 소리를 듣고 있을 수밖에 없었다. '음력설'은 이미 서구에서는 중국인의 신정으로 인정되고 있는 모양이다.

그 이유가 무엇일까?

내 추측으로는 ① 인구가 많고 ② 강대국(군사력, 유엔의 상임이사국)이며 ③ 세계 도처에 흩어져 있는 중국인의 구정풍습이 서구인들에게 널리 알려졌기 때문인 것 같다. 우린 인구도 많지 않고, 나라도 힘이 없어서 '우리의 까치 까치설날'을 남의 것으로 빼앗기고 만 것이다. 힘이 없어서 말이다...!

예수를 믿는 우리들도 이런 경우를 당할 때가 있다. 우리 교인들도 그런 경우를 당할 때가 있다. 내 믿음이 약하고, 내 교회가 힘이 없어서, 내가 지켜야 할 절기를 남에게 빼앗길 때가 있다는 것이다. '사회봉사'라는 말을 들으면 곧 그리스도인이 연상되고, '선교'라는 말을 들으면 곧 예수쟁이가 연상되고, '하나 됨, 연합'이라는 말을 들으면 곧 교회가 연상될 수 있어야 한다. 그런데 그렇게 인식하는 사람이 그리 많지 않다. 왜 그런가? 교인들이 사회봉사에 인색하고, 선교에 관심이 없고, 하나 되기 위해 자신을 희생하는 것보다는 자기주장을 내세우며 쪼개는 일을 밥 먹듯이 하기 때문이다. 그러다 보니 당연히 우리들의 일이요, 우리들의 절기요, 우리들의 자랑거리를 남들의 이름으로 지키는 변두리 신세가 되고 만 것이다.

'빼앗긴 들에도 봄은 오는가?'라는 시(詩)가 있다. 빼앗긴 들에도 봄은 온다. 그러나 나는 누릴 수 없고 즐길 수 없다. 아니 거기에 신경 쓸 겨를도 없다. 힘이 없어서 빼앗겼기 때문이다. 그러나 빼앗긴 채로 그냥 내버려 둘 수는 없다. 다시 찾아서 우리 것임을 널리 알려야 한다. 예수님의 이름을 중심으로 모든 것을 제자리에 세워야 한다. 바로 이일을 위해서 믿음의 힘을 비축하고 마음을 묶는 우리 공동체가 되기를 소망한다.

양지바른 곳에 심긴 호박

어떤 분이 들깨의 모종을 주어서 집에 갖다 심었다. 아직 어린것이어서, 한곳에 모두 심었다. 며칠 후에, 조금 자란 들깨 모종과 호박을 옮겨 심었다. 호박은 다른 호박이 있는 곳에, 그리고 들깨는 상추가 있는 곳에 옮기고 물을 주었다. 다음날 보니, 아직도 어린 들깨 모종은 싱싱했는데, 조금 큰 호박은 입이 다 늘어져 있었다. 서둘러 물을 다시 주면서 생각했다. '한날에, 옮겨 심었고, 이식한 후에 같이 물을 주었는데, 어떤 것은 시들어가고, 어떤 것은 싱싱한 이유가 무엇일까...?' 그러고 보니, 호박을 옮긴 곳은 거의 하루 종일 햇볕이 내리쬐는 양지였고, 들깨가 자리 잡은 곳은 해가 훨씬 덜 드는 곳이었다. 바로 양지와 음지의 차이였던 것이다.

　우리가 교회를 선택하고, 사람들을 만나는 과정에서 이 사실을 간과 할 때가 많다. 한 가지 원칙만을 고집하면서, 그 원칙에서 조금이라도 벗어나면 사정없이 비난의 칼날을 들이대는 때가 많다는 것이다. 개인 마다 성격이 다르고 자라온 환경이 다르다. 어떤 사람은 적응을 못해서 시름시름 앓거나 자기 재능을 드러내지 못하는 반면 다른 사람은 적응을 잘해서, 더 활달해지고 능력 이상의 실력을 발휘하기도 한다. 달란트가 다르다는 말이다. 아직 어린 신앙인은 양지에서 견디지 못한다. 그들에게는 더 많은 관심과 더 많은 사랑의 물이 필요하다. 아직도 뿌리를 내리지 못해서 갈등하다가 신앙을 잃어버리고 인생의 활력을 잃어버리게 하느냐, 아니면 약한 뿌리를 활착시켜서, 열매 맺는 신앙인으로 만들어 주느냐 하는 것은 바로 교회 전체에게 주신 사명이다. 그리고 그 사명은 사랑과 관심으로만 완수할 수 있는 것이다.

　며칠동안 내린 비로, 시들어 가던 호박이 살아났다. 이전에 먼저 그 자리에 뿌리내리고 있던 다른 호박과 별 차이가 없이 싱싱하게 자라고 있다. 이런 사랑의 빗줄기가 필요하다. 우리 교회라는 밭에도 풍성한 열매가 보장될 것이다.

어머니 된 우리 교회

거미는 새끼를 위해서 자기 몸을 먹이로 내어준다고 한다. 지극한 모성애인지, 지독한 모성애인지 알 수는 없으나, 자식을 위해 자신을 희생한다는 것은 귀한 일임에 틀림이 없다. 이것은 비단 거미에게만 해당되는 것은 아니다. 인간사회에서도 어머니 됨이란 아주 중요하다. 다시 말해서 어머니 됨이 있으므로 우리 사회가 이렇게나마 유지되기 때문이다. 그래서 어머니가 된다는 것은 쉽지 않은 것이다. 그런데 간혹, '어머니 됨'에 대해 오해하는 부분들이 있다. 어머니 됨은 권리나 혹은 신분만을 갖춘다고 되는 것은 아니다. 어머니 됨이 자신의 선택이 아니라 위로부터 주어진 것이긴 하지만, 어머니로서의 희생(거미처럼)이 뒷받침되지 않으면, 값어치 없는 것이 될 수 있다는 말이다. 비록 어머니의 자리가 본래 소중한 것이라고 해도 말이다.

엊그제 심야기도를 하는 중에, 전도사님이 아주 귀한 얘기를 했다. 우리 교회는 위니펙의 어머니 교회라고, 교회가 갈라지고 나누어지면서 상처들이 있지만, 위니펙 사람들이 복음을 듣는 길을 먼저 열어놓았다고… 그러므로 흩어진 교회들이 우리를 비방하고, 우리를 밟고 지나가고, 우리를 가볍게 본다고 해도 우린 그것을 어머니의 심정으로 끌어안아야 된다고… 맞는 말이다. 교회 문제, 사회의 문제는 어머니가 없기 때문에 생긴 것이 아니다. 가정에서 어머니가 자녀들을 위해 희생하는 것처럼 우리 사회를 위해 희생하려는 마음이 없는 것이 문제다. 경쟁사회에서 교회마저도 서로를 형제로 보기보다는 경쟁상대로 보면서 교인 불리기에 힘을 쓴다. 남의 불행은 나의 행복이라는 등식이 교회에서도 나타난다. 그러나, 우리는 그러고 싶지 않다. 먼저 교회당 안에서 우리 서로 어머니처럼 희생해보자. 어머니의 마음을 품고 양보해보자. 그리고 위니펙의 이웃교회와 교민들을 향해 어머니가 되어보자. 사람들은 알아주지 않을 수 있다. 오히려 어리석다고 비웃을 수 있다. 그러나 우리 교회를 세우신 하나님, 우리 교회를 어머니 교회로 세우신 하나님께서는 인정해 주실 것이다. '이 세상사람 날 몰라줘도 뒤 돌아 서지 않겠네...!' 그늘에서 자식을 위해 희생하는 어머니의 따뜻함을 원하시는 하나님께서도 결코 우리를 실망시키지 않을 것이다.

왼손잡이, 오른손잡이(1)

며칠 전에 아이들이 쓰던 가위로 종이를 자른 적이 있었다. 그러나 그 가위로는 아무리 힘을 주어도 종이가 미끄러지고 조금 잘라지는 것 같다가 또 옆으로 나가는 통에 결국은 종이 자르는 것을 포기하고 말았다. 그때 작은 아이가 '아빠, 그건 왼손잡이가 쓰는 가위예요!' 라고 말해 주었다. 그때까지 난 왼손잡이용 가위가 따로 있다는 사실을 몰랐다. 그래서 시험 삼아 (잘 될 것이라는 기대 없이) 왼손으로 잡고 가위질을 하는데, 오른손으로는 안되던 것이 왼손으로는 아주 잘 되는 것이었다. 물론 오른손 가위로 자르는 것보다는 매끈하지는 않았지만 말이다. 똑같이 생긴 가위였다. 적어도 겉으로 보기에는 그랬다. 그러나 서로 다른 가위였다. 하나는 왼손잡이용, 다른 하나는 오른손잡이용으로 만들어진 것이다.

누구나 자신만의 개성이 있고, 그 개성을 인정받고 싶어 한다. 그런데도 간혹 우리가 빠지는 함정이 있다. 그것은 전체주의적인 사고방식을 가지고 타인을 다스린다는 것이다. 그리고 그 전체주의에 대한 기준은 바로 나 자신에게 두는 것을 원칙으로 한다.

교회는 다양한 사람들이 모인 곳이다. 그래서 성경은 교회를 유기체 - 몸이라고 하는 것이다. 서로 다른 사람이, 다른 달란트와 생각을 가지고 그리스도 때문에 모인 것이다. 예수 통해서 형제를 보고, 예수 통해서 자매의 말을 듣지 않으면, 교회는 그야말로 오합지졸이 되고 마는 이유가 여기 있는 것이다. 왼손잡이 가위가 필요한 사람이 있다. 그에게 왜 내가 쓰는 가위를 쓰지 않느냐고 야단해봐야 서로 피곤하고 답답할 뿐이다. 예수 안에서 서로 다른 사람의 필요에 좀 세심해지자. 다른 사람이 나와는 다른 왼손(오른손)잡이라는 것을 알도록 하자. 함께 백짓장을 들고 섬기는 귀한 믿음의 공동체는 바로 여기서부터 이루어지는 것이다.

왼손잡이, 오른손잡이(2)

이사를 하면서 빈 상자들이 필요해 여기저기서 모아들인 적이 있다. 하루는 한번에 세 개를 나르게 되어 오른손으로 둘을, 왼손으로는 하나를 들었다. 오른손이 조금 힘들었지만 그렇게 나르는 것을 이상하다고 생각하지는 않았다. 왜냐하면 오른손잡이에게 오른손은 왼손보다 더 많이 사용하고, 더 자주 더 무거운 것을 드는 손이기 때문이다. 물론 왼손잡이에게는 그 반대일 것이다.

인간사회를 살아가는 것도 마찬가지다. 개중에는 오른손 역할을 해야 하는 사람이 있다. 그걸 가지고 '잘났다느니, 자기만 일하려고 한다느니...' 비난하고 폄하하는 것은 결코 합당한 모습이 아니다. 그렇게 불만을 토로하는 사람이 있다면, 그건 공동체의 일원으로서 섬기기를 거절하는 모습임에 틀림없다. 누구나 감당할만하다 생각되면 그 일을 맡길 수 있다. 오른손의 자리에 있는 사람이 덜 부담스러운 일을 한다고 해서 왼손을 부러워한다거나, 그 반대로 왼손의 자리에 있는 사람이 눈에 드러나는 일을 한다고 해서 오른손의 자리에 있는 사람을 비아냥거리는 것은, 그건 교회의 머리되신 주님의 지체가 되지 않겠다는 것과도 같다. 혹은 우리가 살아가는 사회가 공동체라는 사실을 인정하지 않는 것과도 같다. 왼손도 귀하고 오른손도 귀하다. 어느 하나만으로 주님의 교회가 구성되고 일이 이루어지는 것은 아니다. 그러나 명심해야 할 것이 있다. 왼손도 작은 부분이지만 일을 담당하고 있다는 사실이다. 오른손이 하는 일도 귀하고 왼손이 하는 일도 귀하다. 우리는 모두는 그리스도의 몸의 한 부분이요, 이 사회의 한 구성원이기 때문이다.

타이거 우즈의 승리

요즘 타이거 우즈라는 한 프로 골퍼의 얘기가 세간(世間)에 오르내린다. 그가 가는 곳마다 그를 따라 다니는 사람들이 들끓고, 그에 대한 신문기사나 T. V 방송이 인기를 끈다. 거의 모든 골프대회를 석권하면서, 받은 상금도 엄청나다고 한다.

'얼마나 좋을까...?' 하는 생각과 함께, '타이거 우즈를 따라잡을 다른 골퍼가 그렇게 없는가?' 라는 의문이 생겼다. 그런데 며칠 전 신문에서 그 해답을 얻었다. 기사 내용에 의하면, 그를 따라잡을 실력을 갖춘 골퍼는 여럿이지만 '타이거 우즈의 경우 실수를 거의 하지 않는다는 것이 그로 하여금 우승하게 한다.'는 것이다. 그리고 이러한 결과를 위해서 그는 정말 성실하게 모든 연습에 임한다고 한다.

실수가 없다! 그것이 승리의 비결이다.

성경은 '말에 실수가 없으면 온전한 사람이다'(약 3:2)라고 했다. 오늘 우리가 그리스도인으로서, 혹은 그리스도의 교회로서, 약속된 영광을 보장받았음에도 불구하고 그것을 누리지 못하는 원인을 여기서 찾을 수 있다. 우리 모두는 말에 실수가 많다. 해야 할 소리보다는 하지 말아야 하는 소리에 더 호기심을 갖고, 그것을 전하는 일에 뛰어난 달란트(?)를 갖추고 있다. 어느 곳을 가든지, 그 달란트를 여지없이 발휘하는 것을 보면 그리스도인이요, 그러기에 그리스도인을 가리켜서 '말만 잘하는 족속'이라는 조롱 섞인 얘기를 듣곤 한다.

성경은 그리스도인을 운동장에서 달음박질하는 선수라고 했다. 푸른 풀밭에서, 멋진 골프채를 들고, 좋은 골프화를 신었다고 다 골프를 잘 칠 수 있는 것은 아니다. 연습이 있어야 된다는 말이다. 형제 사이에, 부부간에, 교우들 간에, 교민들과 만날 때에, 말에 실수가 없도록 연습할 때, 믿음의 승리자로서 트로피를 받을 수 있다. 그냥 골프장에서 공만 줍다마는 선수는 되지 말자. 항상 언더파(Under Par)를 하는 정말 영적인 선수가 되자.

고린도전서 12장

지난 10일(화)에 있었던 '사랑나누기 박종호 찬양집회'를 치르면서 많은 생각들이 오고갔다. 그 가운데 가장 귀했던 것은, 색스폰을 연주하는 분과 피아노를 치는 분의 섬기는 모습이었다. 저녁도 거른 채로 장비와 마이크의 상태를 점검하면서 집회를 준비하는 모습은 무척이나 아름답게 보였다. 그럴 수밖에 없는 것이, 그들 나름대로 집회에서 한 몫을 담당하고 있음에도 불구하고, 찬양집회의 포스터에는 박종호 선교사의 이름과 사진만이 나와 있었기 때문이다.

「호랑이는 죽어서 가죽을 남기고 사람은 죽어서 이름을 남긴다...」는 말처럼, 이름이 나고 싶지 않은 사람은 없다. 그러나, 누군가를 앞세워서 「귀한 일」을 만들어 낼 수 있다면, 뒤로 물러서는 것이 「진짜 이름을 내는 비결」이 아닌가 싶다.

한 교회를 섬기면서, 그런 인물이 많지 못하다는 것에 종종 아쉬움을 느끼곤 한다. 어떤 것이 올바르고, 또 어떻게 하는 게 귀한지를 알면서도, 그 '올바르고 귀한 일'을 위해 내 이름을 지우지 못하는 것이 바로 우리들의 모습임을 느낀다.

예수께서 남기셨던 발자국은 그렇다.

이름이 나고 누군가가 알아주면 열심히 하고, 이름도 나지 않고 알아주지도 않으면 열심을 내지 않는 것과는 상관이 없다. 내 이름이 나지 않아도, 그 일을 통해서 사람들이 즐거워하고 그리스도가 영광을 받는다면, 그것으로 기뻐하는 것이 예수께서 걸어가신 길에서 찾아볼 수 있다.

그런데 우리들은 왜 이름을 내는 일에 예민하게 반응을 보이는가? 아직도

 그리스도를 닮고자 하는 작은생각

내가 살아있기 때문일 것이다. 아직도 그리스도를 왕의 자리에 모시고 있지 않기 때문이다. 아직도 나 자신이 그리스도의 종이라는 신분을 깨닫지 못하고 있기 때문이다. 사도 바울은 언제나 자신이 그리스도의 종이요 사도라는 관계성에서 출발했다. 우리들의 출발점을 돌이켜 보자. 무엇 때문에 교회에 출석을 하고, 무엇 때문에 예수를 믿는가? 오늘 주께서 요구하시는 것이 무엇인가? 다시 생각하는 신앙인이 되었으면 좋겠다.

만남과 헤어짐

목사로서 한 교회를 섬기면서 새 가족을 만나고, 그들과 관계를 맺어 나가는 데는 일정한 단계가 있다. ① 처음에는 단순히 '한 가족이 불어났구나...' 라는 생각으로 시작한다. ② 조금 시간이 지나면 그분이나 혹은 그 가족이 가진 재능이나 은사에 관심을 갖게 되면서 '이들의 재능을 어느 곳에 사용하면 좋겠다...' 라는 생각이 든다. ③ 그 단계가 지나면 이젠 아무런 생각을 하지 않아도 괜찮아지는 '자연스런 관계'를 맺게 된다. 그때부터는 정(情)으로 만나고 그 정(情)으로 이해하고, 그리고 그 정(情)으로 살아가기 때문이다. 그래서 한 교우가 잠깐 머물렀다 가는 자리는, 그가 머물렀던 기간과는 상관없이 큰 빈자리로 보이는 모양이다.

그 자리로 들어오는 바람을 막을 길이 없다.

다른 어느 사람이나 물질로도 메워지지 않는다.

그래서 인생을 정리하는 마지막 순간에, 사람들의 마음에는 정(情)으로 인해 생긴 구멍들이 그렇게 많은 모양이다. 구멍은 무엇으로 막을 수 있을까? 그 방법은 구멍을 만들고 가버린 가족을 위해 사랑에서 나오는 기도를 하는 것뿐이다.

이제 3월이 되면 또 한 가족이 이곳을 떠난다고 한다.

올 때부터 돌아갈 것을 알고 있었지만, 그래도 떠난다는 얘기를 들으니 마음이 '싸...'해진다. 그리고 거기에 또 하나의 구멍으로 인해 생기는 아픔이 있다. 처음에는 이들도 교회당의 한 부분을 채우는 가족이었다. 조금 지난 후에는 자신들의 은사로 섬기면서 한 부분을 채우던 가족이었다. 그런데 이 젠 그런 것보다 더 중요한 것이 생겼다. 그건 주님께서, 주님 안에서 만난 사람들에게 주신 주님의 사랑이다. 우리에게 그것은 정(情)으로 다가왔다. 3 월에 귀국하는 이 가족이, 주님 오시는 날까지 우리의 가족으로 남아 있었 으면 좋겠다. 늘 기도로 정(情)을 나누면서 주님의 마음을 나누었으면 좋겠 다. 주님의 이름으로 서로를 축복하면서...

감자를 볶으면서

부엌에서 아내가 다른 음식을 준비하는 동안 감자를 볶아 달라는 부탁을 했다. 젓가락을 계속 휘저으면서 문득 '이렇게 약한 불에도 감자가 타는가' '계속 휘젓는데도 감자가 익을까' 라는 의문이 들었다. 그런데 시간이 지날 수록 감자가 맛있는 냄새를 내면서 노릇 노릇하게 잘 볶아졌다. 계속 휘젓 는 사이에 작은 불기운에도 감자는 먹기 좋게 익었던 것이다.

어떤 음식은 강한 불에 잠깐 올려놓아야 한다.

어떤 음식은 약한 불에 오랜 시간을 올려놓아야 한다.

모은 음식의 조리법은 그 재료에 따라 다 다르다. 이런 사실을 모르는 사람은 없다. 그러나 사람에게는 그 사람이 어떤 특성을 가졌든지 간에 일관되게 대하곤 한다. 그 중에서는 오랜 시간을 적당한 열기의 불에 올려놓고 기다려야 하는 「대기만성형」인 사람도 있다. 그런데 대부분은 다른 사람들의 만성(晩成)의 경향 ―오랜 시간이 지나야 노릇 노릇하게 완성된 인격의 사람이 됨― 을 이해 하려고 하지도 않고 받아들이려고도 하지 않는다. 그냥 자신에게 맞춰야 한다며 성질(?)을 부리곤 한다.

그러한 성향이 나에게도 있다. 아주 많이 그리고 아주 자주 마음속에서 치미는 걸 느끼곤 한다. '왜 말씀을 듣고도 변하지 않을까...? 왜 교회를 그렇게 오래 다니면서도 헌신하지 않는 걸까...?' 하는 생각이 치밀어 오를 때면, 가슴을 치며 안타까워하기도 한다. 그런데 분명한 것은, 하나님의 사랑 (혹은 말씀)의 열기는 그 사람을 조금씩 변화시키고 있다는 것이다. 하나님은 이스라엘 백성을 광야에서 40년을 볶으셨다. 오늘 우리들 자신도 하나님의 사랑의 열기로 이리저리 뒤집고 계신다. 새카맣게 타버린 쓸모 없는 사람이 아니라, 노릇 노릇하게 익어 세상을 변화시키는 사람들로 만들기 위해서이다. 조금 더 기다려 보려고 한다. 조금만 더...

하나님은 살아 계시고,

그의 사랑도 살아있기 때문이다.

탄핵소추안 통과 기사를 보면서

지난 3월 12일, 우리나라 헌정(憲政)사상 처음으로 「대통령 탄핵소추안」
이 가결되었다는 기사를 보았다. 현재 국무총리가 대통령의 권한을 대행하
고 있으며, 헌법재판소에서 통과만 되면 대통령의 파면이 결정된다는 소식,
일부 사람들은 분노하기도 하고, 또 일부의 사람들은 잘 되었다고 얘기한다
는 내용이었다. 그리고 나라 전체에 대한 실망으로 이민 상품에 대한 관심
이 높아졌다는 기사도 있었다.

나는 「탄핵소추」에 관한 법적인 절차는 잘 알지 못한다. 대통령이 파면
당해야 할 만큼 잘못을 저질렀는지에 대해서도 아는 바가 없다. 분노하는
사람들과 함께 화내고 싶지도 않고, 잘 되었다는 사람들의 생각에 동조하고
싶지도 않다. 그렇다고 양비론(兩批論)을 펼치면서 나는 '고고(孤高)한 척...'
하고픈 마음도 없다. 이럴 때 신문은, 법 전문가들의 의견을 집중적으로 다
루면서, 최종적인 판단은 독자들 개개인에게 맡기는 양상을 띤다. (물론 신
문사 사주의 편향적인 시각에 따라, 어느 한편을 지지하는 내용이 없는 것
은 아니지만...). 법을 제대로 알지도 못하면서, 그렇다고 누군가를 지지하는
것도 아니면서 나 자신이 개인적으로 느끼는 것은, 그냥 답답하다는 것이다.
정권(政權)을 맡긴 것은, 권세(權勢)를 부리라는 뜻이 아니었음에도 불구하
고 권세를 부리기 위해 정권을 이용한다는 느낌이 들었기 때문이다. 그 정
권은 본래 백성들의 몫이었다. 그걸 잠시 빌려주었다는 사실을, 그들은 잊어
버렸는가 보다.

교회(주님을 주로 고백하는 백성들)를 섬기기 위해 주님께서는 자기 백성
에게 성령의 은사들을 주셨다. 그건 권세가 아니라 '선물'로 주신 것이다. 잠

 그리스도를 닮고자 하는 작은생각

시 동안만... – 교회를 섬기는 때에만, 혹은 이 땅에 사는 동안만 – 사용하라고 맡겨주신 것이다 (아주 준 것이 아니라는 뜻). 그건 내 것도 아니고 다른 누구의 소유도 아니다. 본래부터 주님의 것이었기에, 주님에게 그 소유권이 있다는 말이다. 우리 건강, 우리 시간, 우리 물질, 우리의 재능들 그리고 우리가 만나는 사람이나 맺는 관계들 모두가 그분의 것이다. 서로를 '탄핵소추' 하는 일은 이젠 자제해야겠다. 주님의 마음은 그것이 아니기 때문이다.

근본적인 것부터 해결해야

언제부터인가 거실 천정의 페인트가 벗겨지면서 떨어지기 시작했다. 청소도 하고 떨어지는 대로 줍기도 하지만, 떨어지는 것을 막을 수가 없다. 빗자루로 천정을 쓸어 내려서 이젠 괜찮겠다 생각하면 또 다른 부분의 페인트가 벗겨져서 떨어져 버린다. 아마 겨우내 지붕을 덮고 있던 눈이 녹아 내리면서 그 틈으로 물이 스며들어 생기는 현상이 아닌가 싶다. 만일 그렇다면 부지런히 쓸고 주워도 페인트가 벗겨져 떨어지는 것은 막을 수 없겠다는 생각이 들었다. 문제의 원인을 찾아 그 근본적인 수리를 하지 않는다면, 매년 눈이 녹을 때마다 이런 일을 겪을 수 밖에 없는 것이다.

문제의 원인을 찾아 해결해야 한다는 건 상식이다. 그런데 그 상식적인 일을 잘 처리하지 못하는데 이유가 있는 것이다. 1) 관심의 문제요, 2) 경비의 문제요, 3) 게으름의 문제가 아닐까 싶다.

사람은 누구나 100점짜리 인생이 되기를 원한다. 100점짜리 배우자를 만들고 싶어서 외모를 치장하기도 하고, 100점짜리 자녀를 만들고 싶어서 더 좋은 학교에 보내기도 하다. 그렇다고 해서 그 사람이 100점이 되는 것은 아니다. 사람 자신에게 근본적으로 문제가 있기 때문이다. 하나님께서도 우리의 인생이 100점 인생이 되기를 원하신다. 그런데 그 방법은 사람처럼 부수적인 것들도 치장하는 것이 아니다.

인생의 근본적인 문제의 해결을 위해 독생자 예수님을 보내신 것이다. 그런데 사람들은 1) 관심이 없어서 2) 자기 삶을 투자하기 싫어서 3) 필요성을 느끼지 못해서 그 상식적인 것을 비상식적으로 해결하려 한다. 그래서 끊임없이 문제를 겪으면서도, 뿌리가 무엇인지 생각도 못하고, 생각하려고도 하지 않는다.

우리를 만점 인생으로 만들기 위해 주님 죽으심을 기억해야 한다. 이것이 사순절을 지내는 신자들의 모습이요 마음가짐일 것이다. 깨끗한 마음의 거실을 꾸며놓고 사는 모습들이 보고 싶다.

아기들의 맑은 영혼

아이들은 어른보다 순수하다는 걸 가끔 깨닫곤 한다. 그만큼 맑은 영혼을 갖고 있다는 것이다. 지난 주일에, 우리 교회 전도사님 아기 주현이가, 엄마 아빠가 찬양 연습하는 동안 영아실에서 목청을 돋우어 울고 있었다. 들어가 보니, 눈물을 한 방울도 없이 그저 목청만 돋우어서 '빽빽....!'거리고 있었다. 가만히 두드려 주었지만, 울음을 그치지 않았다. 그러다가 가만히 안아 주는 순간, 그 빽빽거리던 소리가 그쳤다. 안은 채로 등을 두드려주었더니, 다시 잠이 들었다. 의자에 앉아서 잠자는 아기를 보면서 "침대에 누워있는 것과, 사람 품에서 누워 있는 것과 무슨 차이를 느끼는 것일까?" 라는 생각이 들었다. 어른들의 경우, 낯선 곳에서는 편히 잘 수가 없다고 잠자리를 따지는 분도 있지만 대부분의 경우, 어느 곳에서든지 잠을 취하는데 큰 문제는 없다. 그러나 아기들은 그렇지 않다. 아기용 침대에 있으나, 사람 품에 안겨 있으나 누워있는 자세는 별반 다르지 않지만 침대에서는 울어대고, 누군가의 품에서는 울지 않는다. 사람을 느끼기 때문일 게다.

바꾸어 말하면, 정(情)...혹은 관계를 느끼는 것이란 얘기이다. 침대를 통해서는 사람의 정이나 포근한 느낌을 경험할 수 없다는 말이기도 하다. 그런데 어른들은 그렇지 않다. 관계라든가, 혹은 정이라든가를 생각하지도 못하고 느끼지도 못한다. 그냥 하루 벌어 하루 살아가는 것이 중요할 뿐이다. 그래서 예수께서는 말씀하신 모양이다. "어린아이 같지 않으면 천국에 들어갈 수 없다." 우리의 심령이 메말라버린 걸 지적하는 말씀이다. 「너와 나」의 관계를 생각하지 못하고 살아가는 우리를 불쌍히 여기시고 계시다는 말씀일 게다.

오늘은 부활주일이다. 부활이란 무엇인가? 단순히 죽었던 육체가 다시 살아난다...는 것만은 아니다. 우리의 죽어버린 관계 - 이웃의 아픔을 보면서 함께 아파하지 못하는 우리의 죽어버린 사랑이 다시 살아날 수 있다는 걸 약속해 주는 것이 아닐까? 형식을 떠난 진정한 만남을 통해서 평안과 행복을 느낄 수 있는 길을 가르치는 것일 게다. 이 부활에 「내 곁에 있는 너」를 생각하는 사랑의 마음들이 되살아나길 기대한다. 주께서 칭찬해 주신 아이의 마음을 품고...

인생에 조연은 없다

지난주간에 아내와 함께 발레 '로미오와 줄리엣'을 관람했다. 평소에 발레(Ballet)는 '춤' 이상도, 춤 이하도 아니라는 생각을 했기에 큰 관심을 갖지 않다가, 누군가의 권면으로 처음 관람하게 된 것이다. 그러나 관람하는 내내, 교향악단의 웅장한 연주와 무용수들의 아름다운 동작을 보면서 '발레도 참 재미있다'는 공연 내내, 관중들의 시선은 몇 명의 주인공들에게 고정되어 있었다.

물론 나 역시 그랬지만 가끔씩은 무대 뒤편에서 함께 공연하는 다른 무용수들 (특히 아이들)의 동작도 눈여겨보았다. 주인공에 비하면 그들은 거의 주변인에 불과했다. 왜냐하면 공연하는 자리가 무대의 뒤편이고 주인공의 그늘에 가려져 청중들의 관심을 거의 끌지 못했기 때문이다.

그럼에도 불구하고 그들은 자기들에게 맡겨진 배역을 충실히 감당하는 성실한 모습이었다. 여기저기를 돌아다니면서 장난을 치는 모습, 친구와 대화하는 모습, 그리고 미세한 몸동작들이 바로 그런 것들이었다. 아마 그들의 그런 역할이 없다면, 공연이 아무리 훌륭하고 주인공들의 실력이 빼어나다고 해도, 그 공연은 청중들의 마음을 사로잡을 수는 없었을 것이다.

32년 전에 우리 교회가 시작되었다.

몇몇 사람의 뜻이 모아져서 위니펙에 교회가 세워졌다. 교회 역사책을 보면, 처음 모였던 분들의 이름이 기록되어 있다. 그러나 우리가 잊지 말아야 될 것이 있다. 그분들 배후에 하나님의 손길이 있었다는 사실이다. 떠들썩하게 선전되지는 않았고, 크게 드러나지는 않지만, 교회를 시작하시려는 하나님의 의지가 먼저 있었다는 사실이다. 마치 연극 무대의 뒷전에 서 있는 아이들처럼, 하나님께서 일하시는 모습은 눈에 띄지 않았다. 그러나 우리 뒤에 하나님이 계시지 않았더라면, 교회는 「하나님의 교회」가 되지는 못했을 것이다.

오늘도 하나님은 우리 인생의 뒤쪽에 서 계신다.

우리는 자주 '내가 주인공'이라는 착각 속에 빠질 때가 있다. 뒤에서 지켜보시는 조물주를 생각하지 못할 때마다 그런 착각은 놓치지 않고 우릴 교만하게 한다. 자기 이름을 드러내느라 다른 일(?)을 돌아볼 수조차 없다.

이번 창립주일에는, 내내 우리 뒤에 계시던 하나님을 기억하고 싶다.

그분의 이름을 드러내고 싶다.

그리고 앞으로 내내, 그분이 일하시는 곳에 내가 있고, 우리 교회가 있음을 자랑하고 싶다. 이것이 바로 창립주일의 의미이기 때문이다.

나이가 들어간다는 것

내 나이에 이런 얘기하기는 아직 이른 감이 없지 않지만, 그래도 나이가 들어가는 걸 조금씩은 느끼곤 한다. 그 가운데 하나는 변화에 빠르게 대처하지도 못하고 적응하지도 못한다는 점이다. 그래서 시력에도 문제가 생기고...; 운전하는데도 문제가 생기는 모양이다. 지난주간에 에드몬톤을 방문했을 때 깊은 잠을 자지 못했던 것도 역시 「나이 때문」이었다. 늦게까지 잠들지 못하고, 아침이면 일찍 일어나는 것은 우리 아버지 어머님의 모습이라고 생각했는데, 바로 그런 모습이 나에게서도 나타나는 걸 보면서, '나도 나이가 들어간다'는 느낌이 든다.

이걸 은혜롭게 해석하면 집회준비 때문이라고 할 수 있을 것이다. 그러나 그것보다는 잠자리가 바뀐 탓이 더 컸다. 나이가 들면 아무 곳에서나 자기 뿌리를 내리지 못하는 게 당연하다. 새로운 환경에 적응하지 못하는 것과 새로운 것을 두려워하는 데서 나타나는 현상일 게다.

우리 주변은 온통 젊음이 최고인 것처럼 젊은이들을 위한 문화 만들기에만 관심을 기울인다. 옷이 그렇고, 음식이 그렇고, 인터넷이 그렇고, 스포츠가 그렇다. 그렇게 상혼(商魂)에 젖어든 「문화 만들기」가 범람하는 세상에서, 한번쯤은 황혼기에 서 있는 사람들의 모습이나 값어치를 생각해 볼 필요가 있다. 나이가 들면 그렇게 소외된 채로 젊음을 위해 자리를 비켜서야 하는 것인가? 그것은 올바르지 않다고 생각한다. 새로운 환경에 쉽게 적응하지 못하는 것은, 다른 편에서 생각하면 심지가 굳기 때문인 것이다. 어려움 가운데서도 쉽게 흔들리지 않는 뿌리 깊은 나무와 같다는 말이다. 그건 우리 사회를 변함없이 뒷받침해주는 배경과도 같은 것이다.

신자에게 있어서 신앙의 연조가 깊다는 것은, 젊은 가지가 열매를 맺도록 말씀의 자양분을 공급해주는 사람, 기도로 뒷받침하는 사람이 된다는 뜻일 게다. 그래서 하나님의 교회에는 젊은이만 있지 않고, 노인만 있지 않아야 할 이유가 있는 것이다. 우리 교회는 쉽게 움직이지 않는 교회다. 아주 오래된 전통이 그 뿌리에 있기 때문이다. 그러나 한번 움직이면 그 기세(?)를 막을 수 없는 저력 있는 교회이기도 하다. 이제는 그 기세를 떨칠 때가 되었다고 본다.

우리의 웅크린 자리에서 일어서서!

우리에게 있는 생명의 열기가 나타나기를 기대하면서..!

우리에게 소망이 있음은

어제(6월 18일) TV를 켜니 한국과 이탈리아의 축구경기가 방영되고 있었다. 자세히 보니 월드컵 4강 진출을 기하여 작년 월드컵 실황을 재방영하는 것이었다. 비록 지난해 감격 속에 관전한 것이었지만, 다시 보는 월드컵은 또 다른 의미로 내게 다가왔다. "우리도 할 수 있다."는 생각과 함께, 온 국민이 하나 되어 함성을 외치는 모습은, 늘 찢어지는데 익숙한 민족이라는 자괴감을 회복시켜 주는 것 같았다. 그런데 TV를 보면서 지난해와 달랐던 것은, 초조함이나 불안감이 전혀 없었다는 점이다. 왜냐하면 이탈리아를 2:1로 꺾었다는 사실을 이미 알고 있었기 때문이다. TV 카메라가 간간이 비추어주는 관중들의 모습, 서울 시청 앞을 메우고 있던 시민들의 모습, 선수들의 일거수일투족에 희비가 엇갈리던 모습은 일년 전의 바로 나 자신의 모습이었다.

그러나 어제는 그때와 달리 불안해하지 않았다. 한 골을 내어주고서도 여유를 갖고 있었다. 이미 이겼다는 결과를 알았기 때문이다. 사람이 「신앙한다...」는 것은 바로 이런 것이다. 「믿음」이란 「신뢰」이다. 내가 의지하는 그분이 결코 나를 실망시키지는 않을 것이라는 사실을 신뢰하기에, 조금 어려워도 불안해하지 않고, 지금 일이 잘 풀리지 않아도 걱정하지 않아도 되는 것이다. 지금 눈앞에 전개되는 상황을 보면 불안할 수밖에 없지만, 경기가 종료되는 순간의 결과는 다르기 때문이다.

신자를 가리켜서 믿음의 경주를 달리는 사람이라고 했다. 아직 우리의 경기는 끝나지 않았다. 그런데 경기의 결과는 이미 나와 있다. 신자란 「이미 이겨놓은 경주를 달리는 사람」들이다. 그래서 웃을 수 있고... 그래서 너그러울 수 있는 것이다. 그런데도 자꾸 지금 눈앞에 전개되는 일만 보게된다. 이젠 그런 부끄러운 모습에서 벗어나고 싶다.

믿음의 주요 온전케 하시는 주님을 바라보면서...

아름다움을 만들어 가는 쉼터이야기

일상에서 떠나 잠시 '쉼'을 누린다는 것은 우리에게 명령이기도 하지만, 다른 한편에서는 특권이 아닌가 싶다. 한국 교회는 그 '쉼'을, 교회가 누려야 할 특권이라기보다는 지켜야 할 명령으로만 받아들여서 주일 성수를 강조하는 전통을 남겼다. 물론 청교도 전통이기도 하지만. 그런데 요즘, 사회도 교회도, 점차 서구화 되면서, 아니면 세상과 가까워지면서 '쉼'에 대한 생각이 많이 변질되는 추세다. 주로 '누리는 쪽'에 치중하면서, 그 '쉼'의 본질에서 멀어진다는 느낌이 든다. 안식일은 '안 쉬는 날'로, 선교사들의 안식년은 '안 쉴년'으로 바뀌었다는 말도 듣곤 한다.

엊그제는 혼자 밥을 먹는 게 갑자기 싫어서, 일식집을 찾았다. 요리사 앞에 앉아서 김밥을 만드는 모습을 보면서, "요리사는 뭔가 다르기는 다르구나..."는 생각을 했다. 김밥을 말아서 칼로 자르는데, 한번 썰고 나서, 다시 칼을 물에 담갔다가 물기를 닦아내고 다시 썰고, 한번 칼질을 할 때마다 이런 과정을 「반복」 하는 것이었다. 두 번도 아니고 꼭 한번씩만 사용하고는 다시 물에 담그곤 했다.

그 당시에 나는 요리사의 그런 행동을 단지 김밥의 모양을 유지하거나 김밥용 칼을 그 목적으로만 활용하기 위해 그렇게 하는 것이라고 짐작 할 뿐이었다.

‘쉼’이란 것은 명령이었다. 사람이 ‘쉼’을 망각하고 난 후에, 사람의 삶 속에 ‘쉼’이 사라지면, 자연히 사람 구실을 못하게 될 것을 하나님은 아셨기 때문에, 명령으로 주신 게 아닌가 싶다. 이 하나님이 주신 ‘쉼’이란 단순히 ‘노는 것’이 아니라 자기를 돌아보는 것이다. 그 쉬는 시간에 나의 본래의 모습 - 그건 하나님의 형상이다. (창 1:26-28) - 을 바라보면서 망가진 부분을 고치고, 찌그러진 부분을 다듬고, 긁힌 부분은 두드려 가면서 찾아가라는 것이다. 그러기에 우리의 쉼에는 주님을 생각하고 만난다는 것이 빠질 수 없는 것이다.

김밥을 써는 주방장은 그 「쉼의 철학」을 몸으로 실천하고 있었다.

예수님을 안다고 큰소리치는 나는, 그냥 알기만 할뿐, ‘앎의 철학’을 삶으로 실천하지 못하곤 한다. 이제 다시 ‘쉼’의 뜻을 생각하면서, 함께 쉼이 있는 교회 공동체... 그런 쉼을 누리는 주님의 백성이 되었으면 좋겠다고 소망한다.

믿음의 배기량

가끔 빌려 타는 교우의 차는 우리 차보다 조금 크고, 엔진 배기량도 크다. 그래서인지 액셀러레이터를 조금만 밟아주어도 그 힘을 느낄 수 있다. 물론 승차감이 좋은 것은 말할 것도 없고, 그러나 출발할 때는 조금 다르다. 신호등이 바뀌면 소형 승용차가 더 빨리 출발하고, 가볍기 때문에 앞서나가곤 한다. 큰 차의 힘이나 승차감을 진짜 즐길 수 있는 것은, 출발하고 나서 1-2분 지난 후부터이다. 그때부터는 마음만 먹으면 소형 승용차를 앞질러 달려갈 수 있다. 애써서 액셀러레이터를 밟아주지 않아도 달려가는 힘을 충분히 느낄 수 있다.

우리 차를 운전할 때 큰 차와 보조를 맞추려면, 액셀러레이터를 의식적으로 힘써 밟아주어야 한다. 배기량이 적은 차는 운전자의 힘을 많이 요구하지만, 배기량 큰 차는 운전자의 힘을 덜 요구한다. 내 힘으로 자동차가 달려가는 게 아니다. 내가 하는 일은 그저 액셀러레이터를 가볍게 밟아주는 것일 뿐, 자동차가 달려가는 힘은 엔진에서 나온다는 말이다.

믿음이란 것도 자동차와 같다는 생각이 든다. 믿는다는 것은, 우리 인생길을 믿음의 대상이신 그분, 예수님의 힘으로 달려가는 것을 말한다. 주님을 신뢰하는 믿음의 배기량이 크면 클수록 (그건 배기량이 큰 고급 승용차를 운전하는 것과 같을 것이다), 그 믿음의 힘을 실감할 수 있다. 그 믿음 안에서 누릴 수 있는 평안의 깊이도 알 수 있다. 그 반대의 경우 - 그건 배기량이 상대적으로 적은 차를 운전하는 것과도 같다. 한국에서 조카의 아주 작은 차를 운전한 적이 있다. 서울 시내에서는 별 문제가 없었는데, 강변도로를 달리기 시작하니 차체가 떨리면서 속력을 내기가 어려워졌다. - 는 예수님을 덜 의지하는 것을 뜻한다. 예수님을 덜 의지하니 내 자신의 힘과 능력으로 뭔가를 이루어보려고 할 것이다. 더 세게 밟아주어야 다른 사람과 보조를 맞출 수 있다.

우리 중에는 검소하여 작은 차로 만족하는 사람들이 있다. 그러나 믿음이란 자동차는 크면 클수록 좋다. 그 믿음의 경주를 즐길 수 있기 때문이다. 우리 교회에는 믿음의 고급 승용차를 소유한 사람이 많았으면 좋겠다. 주님의 그 놀라운 은혜를 마음껏 누리고 또 자랑할 수 있도록.

원꼴, 닮은꼴

아기가 갓 태어나면 사람들은, '아빠를 닮았다, 엄마를 닮았다' 말들을 하지만, 나는 아기가 누구든지 조금 자랄 때까지는 누구를 닮았는지 구별하기 어려울 때가 많다. 내 아이들의 경우에도 그랬다. 큰 아이가 백일이 되었을 때는 "이모를 닮았다…"는 얘기를 들었고, 작은아이의 경우에는, "엄마를 닮았다"는 말을 들었다. 그런데 커가면서는 나를 닮았다는 얘기를 자주 묻곤 한다. 지난주간에 조카(작은 누님 아들)가 위니펙을 방문했다가, 수양회에 함께 참석했다. 그런데 사람들이 하는 얘기가, 조카, 큰아들, 나 셋이서 너무 닮았다는 것이었다. '큰 아들인줄 알았다'는 분도 있었고, 세 쌍둥이 같다는 분도 있었다. 간혹 '영화배우나 TV 탤런트 누구를 닮았다…'는 말을 들으면, 관심이 없던 사람이라 할지라도 그 사람이 잘 생겼는지 혹은 인격이 어떠한지에 관심을 갖는다. 자기 자신도 잘 생겼다는 말을 듣고 싶고, 괜찮은 사람이란 말을 듣고 싶기 때문이다.

성경은 사람을 가리켜서 하나님의 형상(Image of God)이라고 했다. 하나님과 닮은꼴이라는 뜻이다. 그 사람을 볼 때, - 그 행동거지라든가, 그가 생각하는 것이라든가, 아니면 그의 성품 같은 것을 보고들을 때 - 하나님 생각이 난다면, 그 사람은 사람으로서 성공한 사람이란 말을 해도 괜찮을 것이다. 바꾸어 말하면, 세상에서 많은 것을 누리고, 성공했다는 소리를 많이 듣는다고 해도 다른 사람들이 그 사람을 볼 때 고개를 흔든다면, 그 사람은 결코 성공한 것이 아닐 게다. 그런데도 세상은, 그런 사람이 되고 싶어 한다.

그리스도인이란 그리스도를 닮은 사람이란 뜻이다.

그 사람을 보면, 그리스도가 생각이 나고, 그 사람이 말하고 행동하는 걸
보면, 예수 그리스도가 어떤 분인지 짐작이 가고, 그래서 그리스도를 만나보
고 싶어진다면, 그 사람은 신자로서 성공한 사람일 것이다. 우리 안에 흐르
는 그리스도의 피는 속일 수 없는데, 자꾸 눈 가리고 아웅 하고픈 때가 있다.
이젠 정말 '그만'이라고 말하고 싶다. 그냥 보기만 해도 예수 냄새가 나는
그런 사람이 되고 싶고, 그런 교회를 만들어가고 싶다.

장롱면허 졸업

지난해 여름부터 아들이 운전을 배우기 시작했다. 학교에서 단체로 연수
를 신청해서인지, 일반인 보다 더 많은 시간을 연수받을 수 있었고, 비용도
적게 들었다. 비록 연수용 차이긴 하지만, 운전하는 아들을 볼 때마다 '대견
하다'는 생각이 든다. 면허증을 취득한 후에는 간혹 운전대를 맡기곤 한다.

면허증은 정부에서 '운전해도 좋다고 인정해준 「쫑」'이다.

조금 어려보이고 운전이 서툴러도 그 「쫑」 만 있으면 상관하지 않는다.

간혹 신호를 놓치거나 출발이 더디어도 그것 가지고 시비 걸지 않는다.

그러나 신호를 어기거나, 규정 속도 이상으로 달려 사고가 나면 간섭하고
책임을 묻는다. 벌금을 물 수도 있고, 심한 경우에는 면허정지를 당할 수도
있다. 「쫑」 이라는 것은, 일종의 동의서와 같은 것이기 때문이다.

하나님께서는 우리에게 그런 ' 「쫑」 '들을 주셨다.

하나님의 자녀라는 「쫑」 을 주셨고, 하나님의 백성이라는 시민권을 주셨

 그리스도를 닮고자 하는 작은생각

으며 주님의 제자라는 「쯩」도 주셨다. 면허증을 취득하고 운전은 하지 않은 채 장롱에 모셔놓기만 하는 사람의 면허를 가리켜 '장롱면허'라고 부른다. 이런 사람의 운전은 서툴기 짝이 없다. 본인은 물론이고 함께 타고 가는 사람도 불안하다. 연수를 받고 실전경험이 많아야 제대로 운전할 수 있기 때문이다.

교회가 신자들을 위해 여러 가지 훈련과정을 개설하는 이유도 이와 같다.

그냥 교회 다니는 '교인'이 아니라, 교회 다니는 제자.

장롱면허 10년이 아니라, 1년을 다녀도 예수 닮은 사람을 키워보겠다는 것이다. 기왕 면허를 땄으면, 필요할 때마다 차를 운전할 수 있어야 하기 때문이다. 기왕에 교회를 다닌다면, 이젠 향내 나는 그리스도인이 되어야 하기 때문이다. 기왕에 목회를 한다면, 예수 닮은 신자를 만들어 가는 목회를 해야 하기 때문이다. 이제 '쯩'을 '쯩'답게 사용하는 일을 위해 함께 시간을 드리는 사람을 찾는다. 2000년 전 예수께서 그렇게 갈릴리 바닷가를 다니셨던 것처럼...!

작은 곳에서 실천하는 사랑

「사랑은 곧 관심」이란 말이 있다. 그런 얘기를 들은 적도 있고, 나 자신도 이 말을 한 적이 있다. 토론토 온누리 교회 사경회를 인도하면서 그 관심이 어떤 것인지를 볼 수 있었다. 예배 전 교역자실에 앉아있는데, 집사님 한

분이 들어와서 나를 아래위를 훑어보더니 뭔가를 알겠다는 표정으로 고개를 끄덕거리고는 나갔다. 이유를 물으니, '내 키에 맞추어서 강단의 높이를 조절하기 위해서'라고 했다. 온누리 교회 목사님 신장은 185 cm정도고 나의 키는 173 cm밖에 되지 않기 때문에 강단의 높이를 서로 다르게 준비하고 있는 것이다. 강단 위에, 내 키에 맞추어 놓은 발판에 올라서서 말씀을 전하니, 늘 서던 강단처럼 편안했다. 본 교회를 떠나서 말씀을 전할 때마다, 낯선 감(感)을 느끼면 당황하곤 하는 내게는 온누리 교회의 강단은 '집안'과 같은 느낌을 주었다. 바로 그「작은 관심」 때문이었다. 발판만이 아니었다. 마이크로폰도 그렇고, 조명도 그랬다. 익숙한 곳에 있으면 편안해지고 담대해진다. 자신감도 생긴다. 그런데 그 익숙함은 아주 작은 곳에서부터 시작되는 것이다.

강단의 높이를 설교자의 키에 맞춘다는 것은 아주 작은 일이다. 그런데 사람들은 그 작은 일을 정말 작은 일로 간주해 버리고 무시해도 좋은 부분이라고 생각한다. 그렇게 살아왔기 때문이요, 그렇게 사는 게 익숙하기 때문이다. 그런데 우리 주변을 보면, 의외로 그 작은 일에 관심을 가진 사람들이 적지 않은 걸 볼 수 있다. 외모로 판단하고 자신에게 어떤 유익이 있는지를 따지기보다는, 상대방의 형편을 생각할 줄 안다. 그래서 그런 사람들이 있는 곳에는 마음을 따사롭게 해 주는 그 무엇이 있다.

예수께서 이 땅에 오신 까닭이 여기 있다. 주님은 '이 낮은 땅'을 찾아오심으로, 하나님의 사랑이 얼마나 따사로운지를 보여주셨다. 그렇게 사랑을 보여주시고 그렇게 사랑하며 사신 예수는 이제 우리에게 그 사랑하는 일을 맡겨주셨다. "내가 너희를 사랑한 것 같이 너희도 서로 사랑하라..." (요 13:34).

우리는 많은 것, 큰 것, 화려한 것에만 관심을 기울이고, 그런 것에만 높은 점수를 주는 사회를 살아간다. 사랑이 사랑되기보다는 「거래」처럼 인식되고, 사랑의 깊이를 「물질적인 값어치」를 통해서 가늠하는 것이 상식인 세상을 살아간다. 그런 세상 풍조가 교회를 넘나들고, 강단을 잠식해들어도 아무런 말도 하지 않고 아무런 말도 하기 싫어하는 분위기가 교회에 만연해있다. 「주님의 교회」가 자꾸 「사람의 교회」로 바뀌어만 간다.

오늘은 추수감사주일이다. 많은 것이 없어도 감사를 잃지 않고 싶다.

그건 이웃을 생각하고, 그들의 작은 일에도 관심을 갖는데서 얻을 수 있을 것이다.

그렇게 감사를 배우고 익히면서, 사랑하는 삶을 살고 싶다.

빈 껍질 예수

부활절이면 교회에서는 계란을 삶아 나누어 주곤 한다. 죽은 것처럼 보이는 계란 속에 생명이 있다는 것과, 그 생명이 껍질을 깨고 나오는 것을 통해 주님의 부활을 설명하려는 것이다. 계란을 보면서, 부활이란 우리에게 그만큼 가까이 있다는 걸 알게 된다. 이제 봄이 시작된다. 봄이 갖는 중요한 의미 중의 하나는 '봄은 씨앗을 파종하는 시기'라는 것이다. 그 과정을 살펴보면 - ① 먼저 밭을 잘 갈아서 준비한 뒤 ② 거기 씨앗을 뿌리고 ③ 조금 지나면 싹이 나온다. ④ 또 일정 기간이 지나면 열매를 맺는 - 순서로 이루어져 있다. 싹이 나온 후에 땅을 파보면 작은 싹과 함께 역시 아직은 작은 뿌리는 있지만 처음에 뿌렸던 씨앗의 모습은 볼 수 없다. 단지 거기에 씨앗이 있었다는 증거로 빈 껍질이 남아있을 뿐이다. 그 껍질 속에 들어있던 양분을 싹을 내고 뿌리를 내리는 데 다 써버린 것이다. 그 이후에는 뿌리로 양분과 물을 빨아들이고 떡잎으로 햇볕을 받으면서 자라 열매를 거두고 또 다른 씨앗을 남기게 된다.

우리 생명을 위해 예수는 그렇게 죽어갔다. 자신을 위해서는 아무 것도 남기지 않은 채로 다 주셨고, 그리고「빈 껍질」만 남기셨다. 우리가 사는 것은 우리가 아니라 우리 안에 있는 예수라고 성경은 얘기한다. 예수의 죽음으로 우리 생명의 떡잎이 고개를 들었고, 예수의 죽음으로 생명을 유지할 수 있는 믿음의 뿌리도 내리게 되었다. 그런데 우리는 종종 잊어버리곤 한다. 예수의 죽음의 흔적인「십자가」 그건 예수께서 남기신「빈 껍질」을 자기 자신과 연관시키지 않는다. 마치 혼자서 시작하고, 혼자서 다 이룬 것처럼 착각한다. 십자가 없는 신앙생활을 꿈꾼다. 이웃과 형제를 위해 썩어지는 한 알의 밀알이 되는데 인색해질 수밖에 없다.

십자가는 예수께서 남기신「빈 껍질」이다.

거기서 예수의 사랑을 다시 본다.

손바닥과 장갑, 발바닥과 양말

살아있다는 것은 죽었다는 것과는 여러 가지 면에서 다르다. 거의 매일을 잊고 지내지만, 어느 날은 갑자기 '내가 살아있는 게 무척 귀하다'는 생각이

들 때가 있다. 며칠 전에 여기 저기 낡아서 해어진 장갑을 보았다. 장갑은 색깔도 변색되고 구멍까지 나 있었다. 낡은 장갑을 버리고 새것으로 바꾸어야겠다는 생각을 했다. 그런데 우리네 손은 그렇지 않다. 해어지면 새살이 돋아나서 그 부분을 덮어주고, 구멍이 나면 새 살이 그 구멍을 덮어 준다. 장갑은 죽은 것이지만, 손은 살아있기 때문이다.

즐겨 입던 양복도 팔꿈치가 해어지니 이젠 찬밥 신세가 되고 말았다. 누구에게 줄 수도 없고, 그렇다고 버리기는 아깝고, 그런 마음으로 가지고 있다가 결국 버릴 수밖에 없었다. 그런데 팔꿈치는 언제나 변함없이 자기 자리에서 묵묵히 자기 역할을 다한다. 굳은살이 생기다가도 곧 새살이 돋아난다. 가끔 상처를 입을 때도 있지만, 시간이 지나면 말끔해져서 다시 원활하게 움직일 수 있다. 양복은 죽은 것이지만, 팔꿈치는 살아있기 때문이다.

양말은 오래 신으면 바닥이 해어진다. 얇은 카페트에 쓸리는 부분은 그 정도가 훨씬 심각하다. 그런데 발바닥은 그렇지 않다. 수없이 거칠고 단단한 바닥을 밟고 다녀도, 해어지는 법이 없다. 해어지지 않는 것이 아니라 자꾸 새살이 돋아나서 해어진 부분을 덮어주기 때문에, 그렇게 보이는 것일 뿐이다. 양말은 죽은 것이지만, 발바닥은 살아있기 때문이다.

값비싼 장갑도, 화려한 옷도, 괜찮아 보이는 양말도 모두 망가지고 해어지게 되면, 신제품으로 세상에 선보이며 뽐내던 모습을 다 잃어버리게 된다. 그러나 우리 몸은 그렇지 않다. 비록 화려해 보이지는 않더라도, 해어지지 않는다. 해어지는 곳이 있어도, 곧 새살이 돋아 나와 해어진 곳을 덮어주면서, 살아있는 생명의 징후들을 보여준다.

하나님의 교회는 「부활 공동체」이다. 이것은 다시 「생명의 공동체」라는 말로 바꾸어 쓸 수도 있다. 그런데 우리에게는 세상이 추구하는 값진 것이 보이지 않아 하찮게 생각할 때가 있다. 불신자는 물론이고, 신자인 우리 자신도 그 생명의 소중함을 자주 잊어버린다. 그러나 주님은, 잊어버렸다고 그 혜택을 빼앗아 가는 것이 아니라 기다려 주신다. 그 값어치를 깨닫고, 값진 삶을 살도록 가르쳐 준다. 생명은 죽이는 것이 아니라 살리는 것이기 때문이다. 소망을 꺾는 것이 아니라 세워주는 것이기 때문이다.

가족이 되어주는 교회

2001년 9월 11일, 미국의 쌍둥이 빌딩이 테러로 무너진 이후, 세계 항공업계가 휘청거리기 시작하더니 이어서 터진 괴질(SARS)의 여파로 급기야는 항공회사에서 직원을 감원하기 시작했다. 비행기 테러와 전염병에 대한 공포로 사람들이 여행을 자제하기 때문에 나타나는 현상이다. 일각에서는, 비행기 테러나 전염병 자체가 문제가 아니라, 그에 대한 「입소문」이 더 큰 원인이라는 얘기도 한다. 이걸 가리켜서 '정보전염병(Infordemic)'이라고 한다. '테러가 있었다더라, 전염병으로 몇 명이 죽었다더라…'는 소문에 영향을 받는 부분이 크다는 말이다.

그러나 '정보전염병(Infordemic)'은 어제 오늘의 문제가 아니다. 사람이 있는 곳에는 정보전염병이 있었고, 그로 인해 사람들의 심리가 위축되면서 사회적인 문제들이 발생하곤 했다. 즉, 실제로 있는 사실보다는, 그 사실에 대한 이웃들의 「입방아」가 사람들을 다치게 한다는 것이다. 한 사람이 들었던 얘기를 부풀려서, 혹은 해석을 덧붙여서, 판단하고 결정을 내려서, 또 다른 한 사람에게 전하는 습관이 우리 사회가 추방시켜야 할 '정보전염병(Infordemic)'이다. 그렇게 본다면, 우리 모두가 이 정보전염병에 걸려있지 않나... 하는 생각이 든다. 사실을 사실 그대로 받아들이지 않는 것, 자기 색안경을 끼고 해석하면서 쉽게 오해하고 쉽게 발끈하는 모습들은 바로 '정보전염병'에 감염된 증상이기 때문이다.

성경 첫 번째 책(창세기)을 보면, 사람들은 벌거벗고 있어도 부끄럽지 않았다고 한다. 감출 것이 없을 만큼 서로를 잘 아는 사이였기 때문이다. 그들 사이에 거짓이 비집고 들어갈 틈새는 없었다. 그들 사이에 '진실'이 버티고 서 있었기 때문이다. 그런데 그들은 그 '진실'을 잃어버리고 말았다. 말씀에 불순종 한 이후에 그들은 자신들의 모습을 가리기 시작했고, 감추기 시작했다(창 3:7, 10). 진실 앞에 서기가 두려웠기 때문이다.

교회를 '하나님 나라의 그림자'라고 한다. 진실을 사랑하고, 진실해지기를 원하고, 그 진실을 나누며 살고픈 사람들이 모이는 곳이라는 뜻이다. 그렇게 단순해지는 것, 어떻게 생각하면 촌스럽다고 할 정도로 순박해지는 것, 그래서 긴장하지 않고 얘기를 나눌 수 있는 그런 사람들이 되었으면 좋겠다. 약삭빠르지 않아도 손해 보지 않는 그곳에서...

3

셋째이야기 : 이웃과 당신의 이야기

바울 사도는 자신의 순교를 앞에 두고 썼던 마지막 편지에서
자신을 죄인 가운데 괴수라고 고백했다(딤전 1:15)

애들은 가라 가

지난 토요일 이곳 한인 교회들의 친목을 도모하는 연합체육대회가 열렸다. 피구, 축구, 달리기, 줄다리기를 하면서 땀을 많이 흘렸지만 아이 어른 할 것 없이 모두들 좋은 시간을 보냈다. 그런 모습을 보면서, 이런 모임들을 자주 가져야겠다는 생각이 들었다.

그런데 피구와 줄다리기를 할 때 치열한 승부 탓인지 아이들은 언제나 뒷전이었다. 거기 있던 모든 사람들이 승부라는 술에 취한 탓인지 그러한 것을 당연하게 여기는 듯 했다.

이 천년 전 예수가 계시던 때나,
그리고 이 천년이 지난 지금이나..., 아이들은 여전히 뒷전에 있어야 하는가 보다.

승부와 이익이라는 술에 취한 세상에서...

옛말 ; 요즘 말

지난주일 설교시간에, 「국민 학교」라는 말 대신에 「초등학교」라는 말을 사용했다. 이전에는 국민 학교라는 말이 훨씬 익숙해서 그것을 계속 사용했었는데, 초등학교라는 말을 쓰기 시작하니, 이젠 조금씩 그 말이 익숙해지는 느낌이다. 이곳에 이민 오신지 오래된 분들을 만나면 이와 비슷한 느낌을 갖게 된다. 그분들은 '화장실'이라는 말 보다 '변소'라는 말을 자주 쓴다. 만약 지금 한국에서 '변소'를 찾으면 듣는 사람들은 말한 사람의 나이를 아주 많게 느끼거나 촌스럽다고 여길 것이다. 하지만 그 분들에게 변소라는 것은 예전부터 써온 익숙한 말이기 때문에 당당하게 사용하곤 한다. 화장실이란 말을 일상적으로 쓰기 시작한 것은 그리 오래된 일이 아니다. 다시 말해 이민 온지 오래된 분들은 현제 한국에서 사용하는 말을 접할 기회가 거의 없으니, 본인들이 이전에 사용하던 말을 그대로 사용하는 것이다. 그래서 옛날에 쓰던 말을 버리지 못해 계속 사용하고 이러한 것을 요즘 사람들의 관점에서 보면 '구식 사람'이 되어버리는 것이다.

우리 그리스도인의 고향은 이 땅이 아니다. 우리들의 본향(本鄕)은 하나님 나라며, 이 땅에서는 나그네로 살아가는 것이다. 그러기에 언제나 돌아갈 준비를 하지 않으면 안된다. 그런데 그 준비라는 것은 어떤 것일까? 하늘나라의 언어를 잊지 말아야 한다. 그러기 위해서는 하늘나라 백성들이 말하는 것처럼 말해야 하고, 그들이 살아가는 모습으로 살아야 한다. 아무리 애를 써봐야, 빈손으로 떠날 수밖에 없는 나그네이면서도, 이 땅에 영영 정착할 것처럼 하늘나라를 잊어서는 안된다는 것이다. 그것은 하나님의 백성들을 만나면서 이루어갈 수 있다. 그것은 하나님을 정기적으로 만나면서 습득될 수 있다. 머리로는 아는데, 입에서는 나오지 않는 영적 벙어리가 되지 않는 비결은, 하나님과의 긴밀한 유대관계에서 비롯되는 것이다. 하늘나라 시민 권을 가진 사람의 자랑스러움을 보이고 싶다.

2등 칸을 탄 영부인

일전에 김대중 대통령의 부인이신 이희호 여사가 일본을 가면서 대통령 부인임에도 불구하고 비행기 2등 칸을 이용했다는 신문기사를 본 적이 있다. 그가 대통령의 부인이기에, 1등 칸을 이용하는지 혹은 2등 칸을 이용하는 지... 하는 일상사가 사람들의 관심을 끈다는 것을 생각하면, 한편에서는 '참 안됐다!'는 생각이 든다. 그분이 1등 칸을 이용했다면, '요즘 같이 어려운 경제난국에 대통령의 부인이라는 사람이 절약할 줄 모르고 나 다닌다'는 비난의 소리가 있었을 것이요, 2등 칸을 이용하면 그건 또 그것대로 '괜히 잘난 척 한다'고 삐죽거리는 사람도 있을 것이다. 그러기에 공인(公人)이 된다는 것은 어려운 일이 아닐 수 없다.

그러나 어떻게 생각하면, 우리들 모두는 공인이라고 할 수 있다. 그가 공적인 직무를 맡은 사람이건 그렇지 않건, 인간사회에서 홀로 살 수 있는 사람은 없기 때문이다. 가정에서는 아버지와 어머니로서 자식에게 공인이요, 부부 사이에는 남편과 아내로서 공인이다. 교회에서는 교우로서의 공인이요, 각 선교단체나 모임에서는 또 나름대로 다른 사람과의 관계 속에서 자신의 자리를 드러내야 하는 공인이다.

그런데 문제는, 우리들 대부분이 공인의식이 없다는 것이다. 한 두 사람 대표자만을 공인의 자리에 세워놓고, 자신은 공인이 아니라고 생각한다. 이것은 바꾸어 말하면, 사회에 대한 책임이나, 가정에 대한 책임, 혹은 교회에 대한 책임의식이 희박하다는 뜻이기도 하다. 이런 사람들은 자신에게 주어지는 비판을 용납하지 못하며, 오히려 그것에 분노하곤 한다. 누군가가 자신의 허물을 지적하게 되면, 겸허하게 받아들이는 것이 성숙한 사람이 되는 비결이다. 그런 마음가짐이 갖추어진 사람이 되었을 때에 내가 속한 공동체 안에서 타인의 약점을 보면서 사랑으로 감쌀 수 있으며, 치유를 위한 진정한 조언을 아끼지 않게 되는 것이다. 비판을 위한 비판이 난무하는 공동체는 참 공동체일 수 없다.

오늘 우리들의 공동체는 어떠한가? 우리의 가정 공동체, 우리의 교회 공동체, 우리 한인사회라는 공동체는 1등 칸을 타는 사람을 보아도, 2등 칸을 타는 사람을 보아도 이유가 있을 것이라며 그를 이해하려고 하는 사람이 많은 공동체인가? 아니면, 1등 칸을 타느니 2등 칸을 타느니, 혈안이 되어서 비판할 '−꺼리'를 찾아 헤매는 사람이 많은 공동체인가.

사람들은 우리 교회를 위니펙의 어머니 교회라고 한다.

이것은 제일 처음에 세워진 한인교회라는 이유 때문만은 아닐 것이다.

위니펙의 어머니 교회인 우리가 먼저 공동체 정신의 회복을 위해서 무릎을 꿇어야 하겠다.

있는 그대로의 사람들을 품어주는 어머님의 사랑의 회복을 위해서!

찌그러진 탁구공

1988년 서울 올림픽에서 양정화 현정화로 구성된 우리나라의 탁구 복식 조가 10억의 중국을 누르고 금메달을 목에 걸었다. 결승전 시합 중에 잠시 신경전이 있었지만 의연하게 받아넘기면서 중심을 잃지 않는 우리 선수들의 모습이 참 보기 좋았다. 그것은 중국 측에서 탁구공이 찌그러져 생각대로 공을 다룰 수 없다고 주장하여 우리선수 측에서도 그 공을 검사하여 교체한 일이 있다.

탁구공이 깨지거나 약간이라도 찌그러지면 아무리 기량이 뛰어나고 훌륭한 선수라고 해도 그 공을 마음대로 다룰 수 없다. 선수가 의도하는 방향으로 나가지를 않기 때문이다. 공을 받는 당사자(Receiver)도 공이 어느 방향으로 튈지를 예측할 수가 없다. 그래서 그런 공은 사용할 수 없게 되며, 결국에는 폐기 처분할 수밖에 없다.

인생을 살아가면서 우리 인생이 탁구공과 같다는 생각을 자주 한다. 원하는 방향으로 공이 움직여주는 경우도 있지만 그렇지 않은 경우도 있다. 우리 자신이 찌그러져 있는 공이라면, 우리를 만나는 사람들, 우리와 교제하고픈 사람들에게 예측할 수 없는 행동을 하고, 말을 내뱉는 까다로운 상대일 것이다. 생각이 찌그러져 있는 신자라면 어떨까? 하나님의 뜻과는 상관없는 방향으로 튀어버리니, 하나님의 일이 이루어지지 않는 경우가 허다할 것이다. 탁구공은 버릴 수 있지만, 하나님은 자신의 사람들을 그렇게 버리지 않으신다. 언제나 고쳐서 다시 쓰시려 한다. 그래서 우리에게 아픔과 시련을 주시곤 한다. 말씀을 주셔서 우리 모습을 다시 보게도 하신다.

우리를 정금처럼 만들어 아름답게 하시려고!

이를 위해 하나님께서 하셨던 가장 큰 투자는 무엇인가?

그건 바로 자기 자신을 주신 것이다.

이제 다시 한번 나를 돌아보아야겠다.

내게 찌그러진 부분은 없는지를 살펴봐야겠다.

그리고 모두에게 따뜻한 마음과 사랑을 줄 수 있게 정상적으로 튀는 탁구공의 자리에 서도록 해야겠다.

바람막이가(Car Bra)의 필요성(1)

언젠가 우리가 문제에 직면할 때면, 그것을 해결하기 위해서는 문제보다 더한 뜨거움으로 맞서야 한다는 얘기를 했다. 그런데 여기에 중요한 것이 하나 더 있음을 며칠 전 깨달았다. 자동차를 운행하기 전에 히터를 강하게 튼다고 해서 금방 따뜻한 바람이 나오는 것은 아니다. 기온이 내려가면 내려갈수록 그런 현상은 더 심해진다. 이는, 엔진이 시동을 거는 순간 즉시 뜨겁게 달아오르지 않기 때문이다. 따뜻한 바람을 내보내다가도, 장시간 운전을 하게 되면 찬바람에 엔진이 식어버려 히터가 제구실을 못할 때도 있다.

그래서 사람들은 카브라(Car Bra)를 부착한다. 카브라가 바람을 막아주니 찬바람이 직접 엔진에 닿지 않게 되어 빨리 따뜻해지고 쉽게 식지 않는다. 한마디로 바람막이가 필요하다는 말이다.

우리네 삶에도 그런 바람막이들이 필요하다. 아무리 혼자서 발버둥치며 문제를 해결해보려고 해도 바람막이가 없어, 투자하고 땀 흘린 만큼 성과가 나타나지 않을 때가 있다. 일이 진척되는 것 같다가도, 조금만 소홀하면 금방 처음으로 돌아가 버리기도 한다. 누군가를 섬기는 것도 마찬가지다. 평상시에는 바람막이의 필요를 느끼지 못하지만, 어려운 바람이 불어 닥치면, 바람막이가 절실해진다. 성경은, '하나님께서 우리의 바람막이가 되 주신다...'고 했다(시 121편). 동시에 성경은, 우리 교우들이 서로에게 바람막이가 되어야 한다고 했다.

지금은 평상시(平常時)가 아니라 비상시기(非常時機)다. 영적으로 차가운 바람이 불어 닥치면서, 교우들의 마음을 움츠러들게 하고, 기를 펴지 못하게 한다. 함차게 달려가야 할 길을 달리지 못하게 한다. 이를 위해 교회는 일꾼을 세우는 것이다. 바람막이 노릇을 하게 하려고, 교회를 따뜻하게 하려고, 그 따뜻함이 쉽사리 식지 않는 믿음의 공동체를 만들어가려고 일꾼을 세운다는 말이다. 그 일꾼들이 제대로 바람막이 노릇을 할 수 있도록 기도 해야겠다. 그들의 바람막이 노릇이 헛되지 않도록 나 또한 부지런히 달려야 하겠다. 우리 공동체가 도달해야 할 목적지를 바라보면서, 이웃에게 복을 전달하는 전령사가 되어야겠다.

 그리스도를 닮고자 하는 작은생각

닭 두 마리를 함께 넣고 끓인 삼계탕

작은아들이 속이 허한지 요즘 "삼겹살을 해 달라, 삼계탕을 해 달라" 고기 타령을 했다. 평소 육식보다는 채식을 좋아했는데, 갑자기 고기를 찾는 것을 보니 키가 크려는 가 보다...는 생각에 삼계탕을 끓여 주기로 하였다. 닭 두 마리를 사다 내장을 빼내고 인삼 몇 조각과 함께 두 마리를 한 솥에 넣고는 끓이기 시작했다. 잘 고아진 닭고기를 간장과 함께 찍어먹으면 그 맛이 일품이어서 간혹 해먹기는 했지만, 이번처럼 두 마리를 한꺼번에 끓인 적은 없었다. 그런데 두 마리를 함께 넣고 끓이니, 이전하고는 풍기는 냄새부터 달랐고 국물 또한 훨씬 진한 것 같았다. 중요한 것은 한 마리를 넣고 끓일 때와 두 마리를 같이 끓일 때의 맛의 차이가 크다는 것이다. 이건 상식이다.

그런데 우리는 상식을 자주 잊어버리고 사는 것 같다. 우리 삶에서 부딪히는 많은 문제의 본질은 바로 상식 이하로 생각하고 상식이하로 행동하는데 있다. 교회를 공동체라고 한다. 공동체란 서로 다른 사람들이 모여서 생각을 나누고 일을 함께할 때 그 공동체성이 나타나는 것이다. 그래야만 공동체가 지닌 힘이 제대로 사용될 수 있기 때문이다. 이것도 상식이다. 우리들 주변에는 영적으로 속이 허한 사람들이 꽤 많다. 우리 교회 안에도 그렇게 허해서 비틀거리는 사람들이 있다. 목사 혼자, 조금 열심 있는 사람 몇몇이, 혹은 오래된 신자들 몇몇이 발버둥치면서 그 허한 속을 다 채워주기에는 무리가 따른다. 이것 또한 상식이다.

우리 함께 한 솥 안에서 함께 고아지면서 영적으로 진한 국물을 우려내야 한다. 혼자서만 애쓴다면, 똑같은 시간을 투자한다고 해도 진짜 예수 믿는 진국을 만들기는 어렵다. 물론 예수 믿는다는 냄새는 풍길지 모르지만, 그 냄새를 가지고 속이 허한 사람들을 실하게 만들 수는 없는 것이다. 그들이 예수를 힘입어 살아가게 하기는 더더욱 어렵고, 두 사람이나 세 사람 아니 우리 교회당에 있는 모두가 함께 고아졌으면 좋겠다. 위니펙에 예수 향기... 예수 맛을 즐기며, 허한 속을 채우는 사람들이 나타나기를 소망하면서...!

앞 유리창이 더럽기 때문에 (1)

요즘 위니펙 날씨가 포근해지고 눈이 녹으면서 운전하기에 영 불편한 게 아니다. 와이퍼로 앞 유리를 닦아도 금방 더러워지고 만다. 해를 등지고 운전하면 그런 대로 견딜 수 있지만, 해를 정면으로 보고 운전할 때는 햇빛 때문에 앞이 전혀 보이지 않아서 당황하게 된다. 서둘러 앞 유리를 닦아내지만 또 그 때 뿐이다. 저녁에는 반대방향에서 오는 차가 없으면 괜찮은데, 반대방향에서 전조등을 켜고 달려오는 차가 있으면 앞이 보이지 않아서 또 유리를 닦아내야 한다. 주변이 어둡고, 나만 운전하고 있다면, 앞 유리가 아무리 더러워진다고 해도 운전하는데 그리 큰 문제는 없지만 현실은 그렇지가 못하다.

바울 사도는 자신의 순교를 앞에 두고 썼던 마지막 편지에서 자신을 죄인 가운데 괴수라고 고백했다(딤전 1:15). 예수를 믿으면 믿을수록, 예수에 대해 더 많이 알면 알수록, 그리고 영성이 깊어지면 깊어질수록 자신의 추한 부분이 더 많이 보인다는 뜻일 게다. 예수님을 잘 모를 때는, 영성이 아직 깊지 못할 때는, 그리고 믿음의 초보단계에 있을 때는, 대부분의 사람이 자신을 의로운 것처럼 생각하게 된다. 그것은 어두운 거리를 혼자서 운전할 때의 모습과도 같다. 내가 운전하는 차의 전조등 불빛에 모든 것이 드러나는 것과도 같다. 내가 운전하는 차의 앞 유리가 더러워서 잘 보이지 않는 경우와 같다. 반대방향에서 오는 차가 전조등을 비추기만 하면 금방 앞이 보이지 않는다는 것은 영적인 거인(巨人) 앞에 설 때 자신의 추한 부분이 드러나는 것과도 같다. 예수님 앞에 서게 되면 그 정도는 더 심해질 것이다.

교회라는 공동체를 섬기면서, 혹은 우리의 삶의 터전인 한인공동체를 섬기면서, 그 공동체가 유지되도록 한 부분씩을 담당해야 하며 그 안에는 꼭 지켜야 할 것들이 있다. 다른 사람의 결점이 눈에 거슬리고 그것 때문에 내가 맡은 부분을 내던지고 싶을 때, 그때 우리는 주님을 향해 고개를 돌려야 한다. 내 인생이라는 자동차의 앞 유리가 얼마나 더러운지 보게 될 것이다. 그것이 바로 나 자신의 모습이다.

그걸 닦아내고 이웃을 바라보는 것은 바로 나를 위한 것이다.

눈에 거슬리던 것들이 사라져 보이지 않을 것이기 때문이다. 그리고 주님을 닮아서 주님처럼 말하고 행동하며, 주님이 주시는 평화를 누릴 것이기 때문이다.

호환이라는 말

요즘 우리 생활 가운데 전자제품이 없는 곳은 없다. 휴대용 전화기에서부터 텔레비전, 전자렌지, VCR, 오디오, 컴퓨터, DVD같은 것들이 그것이다. 이제 전자제품은 우리 생활의 각 분야에 없어서는 안 될 문명의 이기로 자리 잡고 있다. 그래서인지 전자제품은 종류도 다양하지만, 생산업체의 숫자 또한 부지기수로 많다. 전자회사마다 자사제품의 우수성을 널리 알리면서 판매경쟁에서 앞서기 위해 한 치의 양보도 하지 않는 모습을 쉽게 볼 수 있다. 그런데 여기 이들이 어쩔 수 없이 양보해야하는 부분이 있다.

예를 들면 우리 집의 텔레비전은 '샤프' 라는 상호가 붙어있고, VCR은 한국의 '삼성' 제품이다. 서로 다른 기업체에서 생산했지만, 둘을 함께 연결시켜서 비디오를 보는데 전혀 지장이 없다. '샤프'라고 해서 '샤프'에서 생산된 것만을 연결시켜서 사용해야 되는 것도 아니고, '삼성'이라고 해서 '삼성'제품만을 사용하도록 만들어지지도 않았다. 이건 전화기도 마찬가지고, 컴퓨터도 마찬가지다. '호환'이라는 말은 바로 여기에서 사용하는 것이다.

언젠가 주일 설교에서 피겨 스케이팅을 예로 들어, 자기중심적인 신앙생활은 꼴찌가 되는 지름길로 들어서는 것이란 얘기를 했다. 만일 우리 신자들이 자기 스타일만을 고집하면서 다른 신자의 손을 잡아주지도 않고, 내미는 손을 붙잡아 주지 않는다면, 즉 삼성전자에서 구입한 제품은 삼성전자의 것에만 적합하도록 만들어진다면, 아마 삼성전자는 얼마 되지 않아 도산하고 말 것이다. 제품의 질이 좋다 나쁘다 하는 것과는 상관없이, 우선 불편하기 때문이다. 그 사람의 실력이 있고 없고를 떠나서, 공동체를 이룰 수 없기 때문이다. 교회도 그렇고, 신자들의 마음가짐·신앙생활 하는 것도 마찬가

 그리스도를 닮고자 하는 작은생각

지다. 내 스타일만을 고집하고, 나와 조금이라도 스타일이 다르면 함께 일할 수 없다면, 그 사람의 신앙은 결코 자랄 수 없을 것이요, 점차 하향곡선을 그리게 될 것이다. 사도 바울의 신앙은 「유대인에게는 유대인처럼, 이방인에게는 이방인처럼 되는 것은, 그들을 얻고자 함이라」에서 엿볼 수 있다. 하나님의 교회는 선교 공동체다. 우리들 모두는 선교사로 부름 받았다는 말이다. 그 일을 위해서, 함께 일하는 법을 배워야하지 않을까...

열쇠 없이는 문을 열지 못한다

며칠 전 새벽에 겪었던 일이다. 새벽기도를 가느라 부지런히 샤워를 하고 머리를 손질하고 로션을 바르고 두툼한 외투를 입고 목도리까지 두르고 교회당 앞에까지 갔는데 들어갈 수가 없었다. 열쇠를 가지고 오지 않았기 때문이다. 다시 종종걸음으로 돌아와 창문을 두드리고 아이들 이름을 부르고 결국 초인종을 눌러 집안 식구들을 다 깨운 후에야 열쇠를 들고 교회당에 올 수 있었다. 시간은 이미 15분이나 지나있었고, 나보다 먼저 기도하러 온 분도 차안에서 기다리고 있었다. 내가 열쇠를 챙기지 않았다는 이유만으로 이른 아침부터 많은 사람들에게 폐를 끼치고 만 것이다.

이른 아침부터 서둘러 준비를 하고 신경을 썼지만, 교회당에 들어가는 것은, 그런 준비로 되는 것이 아니다. 물론 그러한 준비는 당연히 해야 하는 것이지만, 열쇠를 가져가지 않으면 교회당에 들어갈 수조차 없다.

우리 사회(일반사회는 물론이고 교회 안에서)에 문제가 생기고 갈등의 골이 깊어지고, 그로 인해 여기저기 다툼과 분쟁이 일어나는 이유가 무엇일까? 그것은 상대의 마음을 여는 열쇠도 없이, 상대방의 마음을 얻으려고 하는데 있다. 내 방식대로 준비하고, 내 방식대로 밀어 붙이면 된다고 생각하는 개인중심주의가 한 사상(思想)의 물줄기가 되어 우리 사회를 움직이고 있기 때문이다. 우리 주님께서 오신 세상은 바로 그런 곳이다. 상대방의 마음을 여는 열쇠가 무엇인지를 말씀과 삶으로 가르쳐 주셨다. '오리를 가자고 하면 십리를 가주고, 겉옷을 벗어달라고 하면 속옷까지도 벗어주라...'는 가르침과 함께, 그렇게 사시다가, 그렇게 세상을 떠났다. 그건 한마디로 낮아지고 섬겨야 한다는 뜻이다. 그러면서 우리는 주님의 마음을 닮아 가는 것이리라.

그렇게 배웠고, 그렇게 얘기하면서도 아직 나 자신 조차도 자주 열쇠 없이 강제로 내 방식대로 문을 열겠다고 나설 때가 많다. 주님의 마음을 닮았다고 하기에는 아직도 거리가 먼 모습이다. 그래서 부끄럽지만, 오늘도 주님 앞에 다시 무릎을 꿇는다. 주님의 그 지혜와 겸손을 배우고 싶기 때문에...

신앙의 조율

위니펙의 음악수준은 타 도시에 비해 뛰어나다는 평을 듣는다. 거기에는 이곳 교향악단의 지휘자의·실력도 한몫을 한다고 생각한다. 교향악단이 연주를 시작하기 전에 항상 거치는 순서가 있다. 악장(bandmaster 또는 conductor)의 지시에 의해 한 가지 악기의 음을 기준으로 모든 악기가 음을 조율하는 것(tune)이다. 그래야 저마다 다른 소리를 내지 않고 조화를 이루어 아름다운 화음을 발할 수 있다. 이렇게 조율하는 작업은 연주회에서 한번이면 족하다. 그런데 일전에 참석했던 연주회에서는 중간에 한번 더 조율하는 것을 보았다. 왜 그랬을까? 비록 연주회의 후반부이긴 했지만, 네 사람의 연주자가 새로 합류하여 연주하게 되었기 때문이다.

이제까지 연주하던 단원들의 숫자가 훨씬 많았다. 반면 새로 합류한 연주자는 넷 밖에 되지 않았다. 그러나 그 네 사람과 호흡을 맞추기 위해서 모든 단원이 다시 악기를 조율했던 것이다. 이것은 새로 합류한 그 네 사람만 위한 것은 아니었다. 교향악단 전부가 호흡을 맞추기 위해서 하는 것이다. 단원들 한사람 한사람의 기량은 누구보다 뛰어나다. 음악 하는 사람들은 누구나, 어떤 다른 사람의 통제를 받기 싫어하는 성향이 있다고 할 만큼 자부심이 강한 사람들이다. 그만큼 예민하고, 그만큼 자기주장이 강한 사람들이다. 그런데 그들은 연주회를 앞두고는, 자기 생각만 하지 않는다. 전부를 위해서 (그것은 곧 본인을 위한 것이기도 하다) 한 사람의 소리를 기준으로 조율하는 걸 당연하게 생각한다.

이 땅을 살아가는 것도 이런 것이 아닌가 싶다. 신앙 공동체의 경우, 혹은 신앙 공동체가 아니라고 해도 사람들이 어떤 목적을 가지고 함께 모이는 경우, 그 공동체의 창립멤버나 오랫동안 그 단체만을 섬긴 사람의 입김 혹은 중직자(重職者)의 발언권은 대단한 영향력을 갖는다. 우리는 보통 그런 사람들을 가리켜서 '토박이…'라고 부른다. 그런 토박이가 많은 공동체는 자리를 내어주지 않기 때문에 '새 가족'이 뿌리내리기가 어렵다. 토박이가 하는 말이나 주장은 힘이 있지만, 새 가족의 의견은 알아주지 않을 때가 많기 때문이다. 여기 우리 삶의 새로운 조율이 필요하다. 이 조율에는 토박이의 소리도 기준이 될 수 없다. 새 가족의 신선한 아이디어나 주장도 기준이 될 수는 없다. 우리 삶의 조율기준은 주님께 있다. 새 가족이 한 공동체 안에 들어오면, 우리는 다시 「토박이도 없이... 새 가족도 없이... 오직 주님 앞에」 머리를 숙여야 한다.

그때에 비로소 우리가 섬기는 공동체가, 그리고 우리가 관심을 갖고 함께 일하는 모임들이 예수님의 악단으로 한 목소리를 내게 될 것이다. 너도 없고 나도 없는 소리. 내 안에 네가 있고, 네 안에 내가 자리 잡고 함께 만들어 가는 소리...를 연주하게 될 것이다.

매듭

신발 끈이 자주 풀어져 여러모로 불편한 때가 한두 번이 아니다. 궁리 끝에, 한번 매듭을 묶고 난 후에 다시 한번 매듭을 매었더니 활동하는 것이 훨씬 수월하다. 쓰레기나 혹은 재활용품을 비닐봉지에 넣어 내어놓을 때도, 매듭을 한번만 매면 자꾸 풀어져서 안에 넣어놓은 병, 플라스틱 통, 신문 등이 쏟아지기 쉽다. 매듭을 한번 묶어주고, 다시 나비 모양으로 매어주니 이젠 쏟아져서 다시 넣는 수고는 하지 않게 되었다. 우리 주변에 이렇게 매듭을 두 번 묶어주어야 하는 경우는 곳곳에서 찾아볼 수 있다. 그리고 이 사실을 당연하게 생각한다.

그런데 간혹 매듭을 묶어주는 일에 소홀할 때가 있다.

사람을 만난 후에 그 관계를 꾸준히 유지하는 일이 그렇다. 내게 어떤 이익이 될 것인지, 혹은 손해를 끼칠 것인지 와는 상관없이 다 소중한 것이 사람이다. 본래부터 사람의 가치가 그렇다는 말이다. 그런데 이해관계에 따라서 사람 자체의 소중함에 점수를 매길 때가 있다. 수, 우, 미, 양, 가! 한번만 매듭을 묶었다가 쉽게 풀어버리고 마는 인간관계, 혹은 부탁 받았던 일들을 흘려버리는 무관심. 그렇게 매듭을 잘 묶지 않아서 인생길을 달리지도 못하고 걷지도 못하니, 우리 삶은 자주 뒤뚱거리게 되는가 보다.

이젠 매듭을 한 번 더 매어주면서 확인된 인생을 살아야겠다.

한번만 더 생각해 주는 것

한번만 더 인사를 하고 감사의 편지를 쓰는 것

한번만 더 관심을 가지고 찾아가는 것

그런 모습이 무릎을 꿇고 매듭을 묶어주는 사람의 아름다운 모습이 아닌가 한다.

오 대한민국

나이도 잊었다. 점잔을 빼는 사람도 없었고, 점잖지 않다고 흉보는 사람도 없었다. 남녀의 구별도 없었다. 그 시간에 그 안에 있던 사람들은 모두가 같았다. 그 안에서 우리는 모두 한 목소리로 외쳤다. '오 대 --- 한 민국!!!'

이곳 캐나다의 토론토 시간으로 6월 22일 새벽.

「스페인과 대한민국」의 일전을 관전하는 사람들의 모습이다. 토론토의 서부장로교회당에 대형 스크린을 걸어놓고 어린아이에서부터 나이 드신 할

아버지 할머니까지 똑같은 모습이었다. 가슴이 뜨거워지는 많은 이민 1세들만의 것이 아니었다. 여기서 태어나서 우리말을 잘하지는 못해도.., 또 우리 문화를 잘 알지는 못해도, 그 안에 있던 이들은 모두 가슴이 뜨거워지는 감동을 느꼈을 것이다. 그 뜨거운 열기를 발산할 곳을 찾아, 토론토의 한인 타운으로 가는 차량의 행렬이 새벽까지 이어졌다. 태극기를 매단 차량이 스쳐 지나칠 때마다 경적소리를 울리면서 그 뜨거움을 나누었다.

어쩌면 초대교회를 시작하던 사람들이 모습이 이렇지 않았을까 하는 생각이 든다. 마가의 다락방에서 그들은 모두 하나가 되었다. 이전에 어떤 신분이었는지 상관없이, 남녀의 구분도 없이 지식의 다소의 차이도 없이, 그들은 하나가 되었다. 그들 자신의 체면이나 자존심이나 이제까지 움켜쥐고 있던 배경들을 내려놓았다. 그리고는 거리로 뛰쳐나가 외쳤다. 「예수는 그리스도 십니다! 그분은 나의 그리스도요 당신의 그리스도이십니다. 우리는 그리스도 예수 안에서 하나입니다!」

이민 1세인지 2세인지의 구별도 없이 이런 축복스런 경험들을 나누고 싶다는 생각이 들었다. 이민자와 원주민의 차이도 없이 그런 축복의 자리에 서서, 우리는 하나라는 사실을 자랑하고 싶었다. 성경책을 높이 들고 외치고 싶었다. 「예수는 그리스도입니다」 바로 나의, 바로 여러분의, 바로 우리들 모두의!

누구나 머리가 희어진다

흑인 할아버지 한 분과 함께 엘리베이터를 타게 되었다. 할아버지는 내 앞에 서 계셨는데, 뒤에서 문득 그분의 머리를 보니 거의 백발이었다. 잠시 후에 백인 할머니 한 분이 엘리베이터에 동승했다. 할머니의 머리도 백발이었다. 그리고 그것을 바라보는 나 자신도, 이제 겨우 시작이지만, 흰머리가 조금씩 늘어나기 시작했다.

흰머리는 나이가 들어간다는 표식 가운데 하나이다. 나이가 들어가는데도 머리가 희어지지 않는 사람은 없다. 피부가 검은 사람, 피부가 하얀 사람도, 피부가 노란 사람도 나이가 들면서 머리가 희어지는 것은 막을 수 없다. 따라서 누구도 백발이 되는 것을 감출 필요도 없고 부끄러워 할 필요가 없다. 우리가 관심을 기울여야 할 것은, 어떤 모습으로 나이가 들어가느냐 하는 것이다. 어떻게 생의 마지막 시간을 아름답게 준비하느냐 하는 것이다. 마치 겨울을 앞둔 나무가 온통 '노랗고 붉은 단풍'으로 자신의 한해를 접는 것처럼 그렇게 아름다운 모습으로 자신의 인생의 마지막 시간들을 물들여 가야 한다는 것이다.

그런데 종종 사람의 관심은 피부색에만 쏠릴 때가 있다. 머리가 희어지면서 생의 마지막 시간을 아름답게 준비하는 일보다는 이 땅에 영원히 살 것처럼 땅의 일에만 매어 달릴 때가 많다는 뜻이다. "백인이라서 유색인종보다는 우월하다는 의식이 그런 것이요, 나는 배웠으니 덜 배운 사람보다는 유식하다."는 생각이 그것이다. 내가 종사하는 직종이 조금 특별하니, 그렇지 않은 사람들을 무시하는 생각도 별로 다르지 않다. 똑같이 백발이 되어가면서, 똑같이 인생의 마지막을 준비해야 한다는 동료의식이 똑같은 모습으로 살아가는 사람들 사에서도 찾아보기 어렵다는 말이다.

피부가 흰 사람도, 검은 사람도, 나같이 노란 사람도 엘리베이터에 머물러 살 수는 없다. 각자 내리는 층이 다르듯이, 우리 인생을 마감하는 시간이 각각일 수 밖에 없다. 그 짧은 엘리베이터라는 인생을 살면서, 다르다는 걸 강조하면서 교만해지지도 말고, 초라해지지도 않는 삶이 중요하다. 조금씩 양보해가면서, 조금 더 친절하게, 사랑의 따스한 대화를 하는 것이 멋있게 늙어 가는 모습이 아닐까 한다. 그리고 사람이 살아가는 사회를 만들어 가는 길이 아닌가 한다.

무면허 운전

큰아들이 요즘 운전면허를 따기 위해 도로연수를 받는다고 분주하다. 시간에 맞추어 가기 위해 데려다 주는 길에 조금 속도를 높였다. 아들이 '운전연수비는 가져 오셨어요?'라고 묻는 순간, 연수비를 챙기면서 운전면허증은 가져오지 않은 것이 생각나, 순간적으로 자동차의 속도를 줄이게 되었다. 지나가는 차나 접근하는 차에게 될 수 있으면 양보하고, 빨간 신호등이 켜지면 멀리서부터 브레이크를 밟았지만 그래도 여전히 마음은 불안했다. 「이러다가 사고라도 나게 되면 이러다가 경찰이 검문이라도 하면, 이러다가 실수라도 하게 되면, 이러다가... 혹시...」 하는 생각들이 꼬리에 꼬리를 물었다.

면허증은 기껏해야 종이쪽지 한 장에 불과하다. 그래도 그것은 캐나다 정부가 내게 '운전해도 좋다'고 공식적으로 인정해준 소위 「쫑」이다. 이것만

 그리스도를 닮고자 하는 작은생각

있으면 당당하게 차를 운전할 수가 있고, 운전하면서도 불안해하지 않을 수 있다. 또 때로는 내 신분을 증명하는데 사용할 수도 있다.

우리가 예수를 배우고 그분을 알고 그리고 그분을 믿는다는 것도 이와 같다. '마음으로 믿어 의에 이르고 입으로 시인하여 구원에 이른다.'고 하는 말이 있다. 도덕적으로 올바른 삶을 산다는 것은 대단히 중요하다. 완벽한 사람이 되려고 노력하는 것도 중요하다. 그런데 도덕적으로 완벽해지려고 노력하면 할수록 자꾸 남을 판단하고 정죄하게 되는 것을 경험하곤 한다. '나는 이렇게 사는데 너희는 그렇지 못하다.'는 식으로 자기 의를 내세우는 '바리새인'이 된다는 말이다. 왜 그렇게 자기 의를 내세우는 것일까? 그것은 불안하기 때문이다.

신자가 된다는 건 단지 교회에 등록하여 주일 예배를 드리고 교회행사에 참여하고 교인들을 만나 교제한다는 것 이상의 의미를 갖는다. 소위 「쫑」이 없이 인생을 불안한 마음으로 운전하던 사람이 「쫑」을 갖게 되었다는 뜻이다. "그까짓 것!" 하면서 별거 아닌 것처럼 여길 수도 있다. 그런데 하나님은 그 「예수쫑」을 보고 기뻐하신다. 그걸 보고 자격이 있다고 인정해 주신다. 그것 때문에 당당해질 수 있는 것이다. 그 「쫑」은 우리가 따는 게 아니다. 거저 주신다고 했다. 오늘도 나는 그 능력을 실감하며 산다.

그 자리로, 더 많은 분들을 초대하고 싶다.

모닥불 피워놓고

매년 9월이면 우리 교회는 먼 곳에 있는 캠프장을 빌려 「가족 수양회」를 실시한다. 수양회 둘째 날 새벽기도회를 마치고 간밤에 '모닥불'을 피웠던 곳을 찾았다. 캠프파이어를 마친 후에 이젠 불이 다 사그라졌으리라 생각하고 갔는데, 의외로 불이 훨훨 타오르고 있었다. 누군가가 재속에 남아있던 '작은 불씨'를 찾아서 다시 살려놓은 것이었다. 타오르는 모닥불에 마른 장작을 넣으면서 '불을 다시 살리느냐 살리지 못하느냐 하는 것은 결국 관심의 문제'라는 생각이 들었다.

필요할 때는 찾아가서 자꾸 불을 지르면서 그 타오르는 불꽃과 모닥불의 따뜻함을 즐기지만, 일단 내 필요가 채워진 후에는 다시 돌아보지 않는 것이 '모닥불의 한 생(生)'이 아닌가 싶다. 그런데 아무도 돌보지 않는 곳을 찾아가서 다시 불꽃을 살려내는 '그 분'을 보면서 마음이 얼마나 따뜻해졌는지 모른다.

그건 누군가를 섬기는 사랑의 마음이다. 우리 주변에는 소망의 불씨가 사그라져 있는 사람들이 있다. 그들에게 있던 따사로운 사랑의 불씨도 사그라지고, 세상을 긍정적으로 바라볼 수 있는 믿음의 불씨마저 다 사그라져 누구에게도 마음을 열지 못하는 사람들이다. 주님의 마음으로 격려의 입김이나 소망의 입김을 불어주기만 하면 훨훨 타오를 불씨를 간직하고 있음에도 그들이 쓸쓸함에서 나타나는 감(感)과도 같은 것이다. 그 입김을 불어주는 것은 바로 우리들의 몫이다. 우리 안에서 사그라들었던 불씨를 살려주신 분은 바로 예수님이시기 때문에...

세상은 꺼져가던 등불이었다. 재만 남은 모닥불과 같은 모습이었다. 아무도 그 재만 남아있는 자리를 사랑하지 않고, 돌보지 않았으며, 관심조차 기울이지 않았다. 그런데 예수께서 그곳을 찾아오셨다. 사랑이 꺼져서 미움만 남은 우리들/소망의 빛을 잃고 절망하던 우리들/웃음대신에 슬픔만 생각하던 우리들을 다시 살게 하려고, 그것도 기쁨으로 살게 하려고 주님은 오신 것이다. 그분은 나를 초대해 주셨다. 그리고 또 우리 교우들도 또 다른 이웃들도…

이제 우리 함께 힘껏 '후!' 하고 사랑의 바람을 불어보아야 할 때가 되었다. 다시 사랑의 불꽃이 타오를 것을 기대하면서…

병뚜껑이 열리지 않는 이유

작은아들 팔꿈치에 부스럼이 나더니 오랫동안 낫지를 않는다. 집에서 소독도 하고 약도 발라보았지만, 소용이 없었다. 병원에 가니 항생제를 먹고 발라야 한다면서 처방전을 주었다. 하루 두 번씩 마시고 바르니 조금 낫는 것 같았다. 며칠 전에 약을 먹이려고 뚜껑을 여는데, 이게 영 열리지를 않는 것이었다. 누른 상태에서 아무리 힘주어 돌려보았지만 요지부동이었다. 잠시 후에 다시 힘을 주어 눌러서 돌렸더니 돌아가기 시작했다. 뚜껑을 열고 보니 '시럽'이 말라붙어서 접착제같이 되어 있었다. 그래서 쉽게 열지 못했던 것이다.

성경은 말한다. '여호와의 손이 짧아서 구원치 못하심도 아니요, 귀가 둔하여 듣지 못하심도 아니다. 오직 너희 죄악이 너희와 너희 하나님 사이를

내었고 너희 죄가 그 얼굴을 가리워서 너희를 듣지 않으시게 함이니' 하나
님은 사랑이시다. 우리를 사랑하고 싶어서 안달이 나신 분이다. 그런데 우리
의 죄악의 찌꺼기가 들러붙어서, 하나님을 향해 우리 마음의 뚜껑을 열지를
못하고 있는 것이다.

손이 썩어 들어가고, 마음이 상해 가는데도 약을 꺼내지를 못하고 있다.

오늘은 약병 뚜껑을 열고, 찌꺼기를 물로 깨끗이 닦아내었다. 언제든지 필
요할 때 쉽게 열기 위해서 닦아낸 것이다.

오늘 우리들에게도 닦아내야 할 것이 있다. 내게도 계속 닦아주어야 할 부
분이 있다. 잠시만 한눈팔고 관심을 두지 않으면 금방 눌러 붙어서 뚜껑을
열지 못하게 하는 죄악이 있다. 우리에게 들러붙어 있는 죄악의 찌꺼기는 무
엇일까? 그건 하나님의 마음으로 형제를 아끼고 사랑하지 못하게 하는 미움
이다. 시기와 질투이고, 비난하고 헐뜯는 우리의 교만함이다. 다시 만나 풀어
야 할 깨어진 인간관계는 뒤로 미루지 말고 닦아내야 할 병뚜껑과도 같다.
바로 오늘, 아직 닦아내지 못한 부분을 찾아보고, 닦아내는 결단을 해야겠다.
너와 나의 하나됨을 만들어 가는 사랑의 약을 나누게 됨을 소망하면서...

깨어진 거울

교회근처로 이사를 하자마자 호된 신고식을 치렀다. 누군가가 자동차 운
전석 쪽의 거울을 깨뜨려 놓은 것이다. 처음에는 금이 가긴했지만 안 보일
정도는 아니어서 그냥 내버려 두었다. 그런데 날이 갈수록 보이는 면적이

줄어들어 지난주간에 「카나디안 타이어」에서 거울을 구입해 깨진 거울 위에 임시로 덧붙이고 뒷면은 양면테이프로 고정시켜 놓았다. 나름대로는 튼튼하게 붙였다고 생각했는데 아침에 보니 그렇지가 못했다. 그래도 어쩔 수 없이, 거울을 조금 올려서 운전을 하는데 생각했던 것보다 깨끗하게 앞을 볼 수 있었다. 이것은 거울이 깨지기 전에는 생각지도 못했던 일이었다.

깨어진 거울 ― 이건 우리의 깨어진 인간관계를 뜻하기도 한다. 깨어진 하나님과의 관계이기도 하며, 우리의 깨어진 마음과 영혼이기도 하다. 깨어지니, 제대로 사물을 볼 수 없다. 사람을 만나고 교제를 해도 여전히 제대로 마음을 나눌 수 없다. 삐뚤어진 모습으로 보이기 때문이다. 자세히 보려고 해도 여전히 잘 보이지 않는다.

깨어진 거울을 보면서 운전을 하니, 옆을 제대로 볼 수 없어 사고가 날 수 있겠다는 생각이 든다. 나의 깨어진 생각과 마음으로 사람을 보고 세상을 보니, 모든 사람이 비뚤어져 보인다. 나의 깨어진 영혼으로 인생길을 가니, 자꾸 사람과 사람 사이에 사고가 발생하곤 한다. 내 마음이 불편해지는 사고, 남을 의심하는 사고, 형제들의 흠을 들추어내고, 그걸 덮어주기 보다는 험담하고 깎아 내리는 사고다. 형제 눈 속에 티를 보고 자꾸 비난하고픈 사고들이다. 깨어진 거울은 다른 사람을 위해서가 아니라 나 자신을 위해서라도 교체해야 한다.

비록 순정부품이 아니라 임시로 사용하는 것이라고 해도 인생길을 가는데 별 지장은 없다. 깨어진 관계(하나님과, 그리고 이웃과)를 회복 하게 되면, 내가 제대로 보고 인생길을 운전하게 될 것이요, 나로 인해 이웃들이 즐거워질 것이다. 나의 일그러지지 않은 모습이나 위태위태하게 달려가는 모습을 마음 졸이며 바라보던 이웃들에게 편안함을 선사하게 될 것이다. 나의

건강한 모습이 이웃에게 또 하나의 선물이 되기를 기대한다. 이런 모습을
기대하면서 오늘 마음의 깨어진 거울을 교체하려고 한다.

거꾸로 매어 달린 안내표지

우리 교회당 현관에 보면 예배와 집회시간 안내가 붙어있다. 시간을 알고
싶은 사람들을 위해 굵은 글씨로 만들어 붙여 놓았다. 요즘 교회당에 화재
경보장치를 위해 공사를 하고 있다. 매일 교회당에 들리면, 경보장치며, 문
이며, 전기와 같은 것을 설치하는 일꾼들을 볼 수 있다. 어제 아침에 교회당
에 들르니 예배 집회 안내가 거꾸로 붙어있어서 바로 돌려놓았다. '그저께만
해도 제대로 붙어있던 것인데...'하고 생각해보니, 일하던 사람들이, 일하던
중에 안내표지가 떨어지니 도고 붙여놓은 것이었다. 물론, 자기 딴에는 도로
붙여 놓겠다고 한 것인데, 한글을 몰라서 거꾸로 붙여놓은 것 같았다. 로마
글자 외에는 다른 나라의 글을 우리는 알지 못한다. 글자의 차이도 모르고,
그것이 거꾸로 된 것인지 제대로 된 것인지도 모른다. 우리도 그런 실수를
할 수 있다. 배우지 못했기 때문이다.

서로의 경험을 나누고 배우는 것이 진정한 삶이라는 말이 있다. 내 것만
고집 한다면, 사람이라고는 하지만, 사람으로서 제대로 사는 것은 아니기 때
문이다. 남들과 똑같이 먹고, 똑같이 자고, 똑같이 입고, 배우고, 문화생활을
하지만 그건 결코 제대로 사는 것이 아니다. 함께 살려면 끊임없이 배워야
한다. 상대편 (그건 배우자이기도 하다. 혹은 이웃이기도 하고, 교우이기도

하고, 친구이기도 하다)의 문화를 배우고, 행동하는 법을 배우고, 그 삶의 배경들을 배울 때, 함께 사는 열매를 거둘 수 있다. 이제까지 거꾸로만 생각하고 거꾸로만 말하고 거꾸로만 행동하는 일들을 비로소 멈출 수 있다.

그 비결은 상대방 앞에서 나를 낮추는데서 시작된다.

상대방이 누가 되었든지, 나를 가르칠 수 있는 인생의 스승으로 인식하고 겸손해질 때, 올바른 마음가짐과 언행으로 우리 삶을 살 수 있을 것이다. 인생의 학창생활은 끝이 없는 것이기 때문에...

둥글레 차 알맹이의 냄새

간혹 교인 집을 찾아가면 집집마다 대접하는 차가 다양하다. 얼마 전에는 차가 너무 구수하여 '무슨 차냐?' 물었더니 누룽지를 달여서 만든 것이라 했다. 역시 우리 고유의 것이 좋다는 생각이 들었다. 사무실에서 나는 구수한 숭늉 맛이 나는 '둥굴레 차'를 즐긴다. 그러나 때로는 귀찮아서 둥굴레 알갱이를 처음 한번 넣고는 다섯 번이고 여섯 번이고 재탕을 해서 마시곤 한다. 며칠 전에 차를 끓이는데, 그 향기가 평소와는 달리 아주 향긋하고 구수한 차 본래의 냄새가 나 문득 깨달은 것이 있다. 그 차는 재탕도 삼탕도 아닌 둥굴레 차의 알갱이를 새로 넣고 끓였기 때문에 향내가 나는 것이었다.

똑같은 용기에 똑같은 물을 넣고 똑같은 온도에서 달여도, 새것에서 나는 차 냄새는 너무 달랐다. 사도 바울은 그랬다. '우리의 겉 사람은 날로 후패하지만, 속사람은 새롭다.' 그래서 예수님의 냄새가 향기롭게 풍긴다는 뜻일 게다. 똑같이 교회를 다니고, 똑같이 찬송을 부르고, 똑같이 종교적인 모습을 갖추고 모두 종교인이라고 하지만, 날마다 새로워지는 사람과 그렇지 않은 사람 사이에는 풍기는 냄새가 다른 것이다. 겉 사람도 후패하고 속사람도 후패하는 무미건조한 그리스도인의 자리에 서 있으면서도, 그것을 느끼지 못하고 있는 우리 인생을 하나님은 얼마나 답답해하실까?

새로 넣은 둥굴레 차 알갱이가 풍기는 향기로운 냄새처럼, 나도 향내 나는 사람이 되고 싶다. 늘 새롭게 만나는 사람처럼, 늘 새 옷을 입은 사람처럼, 그리고 늘 새로운 생을 살아가기로 결단한 사람처럼, 그렇게 향내 나는 새 알갱이가 되고 싶다. 그건 누구를 만나든지, 처음 만날 때와 같은 「말의 예절」을 지키고 「행동의 예절」을 지키는데서 시작될 수 있을 것이다.

우리 교회도 그렇게 향기 나는 교회로 만들어가고 싶다. 날마다 처음 드리는 예배 같은 느낌으로 예배하고, 날마다 처음 만나는 사람들처럼 예의를 갖춘 언어를 사용하고, 날마다 처음 설교하는 것처럼 두려움과 떨림으로 설교한다면, 향내 나는 사람의 자리에 결코 멀지 않으리라 확신한다.

듣지 못하면 말도 못합니다

한국에서 수화(手話, sign language)를 배운 적이 있다. 농아자들을 위한 자원봉사자를 훈련시키는 프로그램이었는데, 한 3개월 배운 후에 활용하지 않았더니 다 잊어버리고 말았다. 당시 수화를 배우던 곳은 서울역 뒤에 있는 협회건물이었는데에 그 곳에서 20대 후반의 한 남자를 사귈 수 있었다.

 그리스도를 닮고자 하는 작은생각

그 분은 어느 날 갑자기 귀가 들리지 않으면서, 말이 어눌해지기 시작한 후천적 농아로, 정상인처럼 말을 유창하게는 하지 못했지만 그래도 어느 정도 의사소통은 할 수 있는 정도였는데, 이젠 그것마저도 힘들어진다고 했다. 첫 번째 문제는 들을 수 없다는 것이었고, 다음 문제는 말을 하기가 어렵다는 것이었다. 내가 말을 할 때, 내 목소리가 울려서 내 귀에 들려지지 않으면, 내가 무슨 말을 하는지 알 수가 없고, 또 말을 한다고 해도 제대로 하고 있는지를 분별할 수 없기 때문이다. 그러다 보면 마음을 나누기도 어려워지고, 인간관계 역시 소원(疏遠)해지고 말 것이다. 하나님과 나의 관계, 이웃과 나의 관계도 그렇다는 생각이 든다.

내가 그분의 음성을 듣지 못하면, 나는 그분에게 내 얘기를 할 수도 없고, 그분의 뜻을 분별할 수도 없다. 대화가 사라지게 되고 관계가 소원해지고, 결국에는 내 맘대로 살아가는 사람이 되고 말 것이다. 말을 해도, 남들이 듣기에 어눌한 소리만이 나올 것이요, 행동을 해도, 눈살을 찌푸리게 하는 행동만이 나타날 것이다. 문제는, 내가 듣지 못한다는 것이다. 하나님이 말씀을 하시는데도, 내 귀가 제 기능을 발휘하지 못하기 때문이다. 내 귀를 멀게 하는 것은 나의 죄(罪)다. 여호와의 귀가 둔하여 듣지 못하는 것이 아니고 눈이 어두워 보지 못하는 것이 아니라는 말씀(이사야 59장)처럼, 문제는 내게 있는 것이다. 주님은 이 문제를 해결하기 위해서 여기 오셨다. 듣지 못하면서도 들은 것처럼 방자하게 행하는 서기관들과 바리새인들을 책망하신 까닭은, 바로 내가 그런 서기관과 바리새인의 자리에 서 있음을 책망코자 함이다. 들리지 않을 때는 몸부림치며 듣기를 사모하는 사람이 되고 싶다. 내 행동도, 내 말도 더 이상 어눌하지 않은 주님의 사람이고 싶다.

주님의 소리를 분명히 듣고 전하는 정상적 그리스도인이 되기를 소망한다.

보온병 같은 사람

아침에 교회당에 갈 때 보온병을 가지고 갈 때가 있다. 사무실에 앉아있는 시간 내내, 따끈하고 구수한 우리 차(茶)를 즐길 수 있기 때문이다. 요즘같이 감기가 유행할 때는 물을 많이 마시는 것이 건강에 좋기 때문에, 일석이조의 효과라고 할 수 있다. 그런데 간혹 따끈한 차를 준비하지 못해서 빈손으로 갈 때가 있다. 그런 때는 교회당에 있는 주전자에 물을 끓여서 인삼차를 마신다. 그런데 그것은 일회용이다. 다시 말해, 보온병이 없으니 한번 인삼차를 타서 마시고 난 후에는 그냥 맹물만을 마시거나 또 다시 차를 타야 한다는 것이다. 아침에 일어나서 차를 끓이고 보온병에 담아 가지고 나오는 것은 조금 귀찮은 일이다. 그렇지만, 그 작은 투자로 인해서 얻는 유익은 아주 많다.

사람은 누구나 보온병 같은 역할을 해야 한다. 더울 때는 시원한 물을 제공하는 사람, 추위에 떠는 사람에게는 따끈한 것을 줄 수 있는 사람이 많은 사회는 안정된 곳이요, 그런 사람이 많은 교회는 주님의 뜻을 이루어 가는 교회다. 하나님은 누구에게나 그런 역할을 맡기셨고, 그런 능력을 주셨다. 문제는 자신의 그릇에 담아야 할 것들을 외면하는 사람이 있다는 것이다. 어떤 이유에서건, 자신을 채우는 일을 등한시하면서, 오히려 채우지 말아야 할 것들에만 관심을 갖고 있으니, 그 그릇이 제대로 쓰일 수 없는 것은 당연한 이치다. 사람을 흐뭇하게 하는 교회, 하나님을 기쁘시게 하는 교회가 되는 비결은, 자신과 교회를 향하신 하나님의 뜻에 충실 하는데 있다. 그것은 조금 귀찮은 일 일수도 있다. 괜히 나만 손해를 본다는 느낌을 받을 수도 있다. 앞장서서 일하는 사람을 보면, 괜히 잘난 척 한다는 생각이 들 수도 있다. 그러면서, '그렇게 잘난 척 하기 싫어서 안한다'는 자기 합리화의 길을 가게 된다. 나는 어떤가? 나를 향하신 하나님의 뜻과 계획을 생각하면서, 그것을 채우기에 힘을 다하고 있는가? 그래서 추워하는 사람에게는 따끈한 주님의 사랑을... 땀을 흘리는 사람에게는 시원한 주님의 은혜를 전하고 있는가? 아직은 미약하다. 그러나 앞으로는 그렇게 하고 싶다. 하나님과 사람을 흐뭇하게 하는 주님의 제자의 길을 걸어가고 싶다.

이웃 사랑을 가르치는 법

병원에 가서 내시경을 찍고, CT촬영을 하고 왔다. 계속해서 아랫배가 거북해서, 화장실을 자주 들락거렸지만, 여전히 개운하지 않다. 무엇을 잘못 먹었는가? 아니면 속이 약해졌는가? 아니면 검사하면서 약을 먹은 것이 좋지 않은가? 별의 별 생각이 다 든다. 자리에 누워 봐도, 의자에 앉아 봐도 여전히 속이 불편하다.

새벽기도 시간에는 배에 손을 얹고 기도했다. 단순하게 '배 좀 낫게 해 주십시오!'하는 기도였다. 기도를 하다가 문득 교우들 가운데 몸이 아픈 사람들, 특히 배가 아픈 사람을 위해 기도해야겠다는 생각이 들었다. 내가 아픔을 느끼면서 비로소 다른 사람의 아픔이 진하게 느껴지고, 나를 위해 기도하면서 비로소 다른 사람의 아픔을 위해 간절히 부르짖을 수밖에 없는 불쌍한 인생의 모습을 본다. 누구 앞에서 성경을 논하고 하나님의 은혜를 논할 자격이 없다는 말이다. 예수께서는 이런 사람을 무엇이라고 칭(稱)하셨던가?

내가 아프니 다른 사람 아파하는 것이 비로소 눈에 뜨이고,

내가 슬프니, 다른 사람 우는 것이 이제 예사롭지가 않고,

내가 가난해지니, 다른 사람의 가난한 것이 큰 문제인 것을 깨닫게 된다.

그래서 주님은 '네 이웃을 네 몸과 같이 사랑하는 것이 둘째 계명'이라고 하셨는가 보다. 그래서 주님은 우리에게 때론 아픔도 주고, 때론 실패도 겪게 하고, 때론 깊은 절망의 구렁텅이에도 몰아넣는가 보다. 바로 그 자리에서 세상에서 시달린 자들을 생각하는 마음을 배우라고! 그것이 바로 주님의 마음이라고! 그런 주님의 마음을 품어야만 제대로 사랑할 수 있다고 하시는가 보다.

그런데도

나는 여전히 아플 때만 아픈 사람을 생각하는 둔한 신앙인이요,

여전히 나는 내 중심의 자리에서 벗어나지 못하는 이기적 인간이요,

여전히 나는 주께서 채찍질이 필요한 짐승과도 같은 사람이다.

주여! 이 사망의 몸에서 나를 건져 주옵소서.

이인삼각(二人三脚)

'이인삼각(二人三脚)'이란 놀이가 있다. 두 사람이 한 조가 되어 서로의 한 쪽다리를 잡아매고 함께 달리는 것이다. 두 사람이 어깨동무를 하고 세 개의 다리로 뛰기 때문에 이인삼각이란 이름을 붙인 것이다. 세 개의 다리를

가진 두 사람, 비정상적인 모습이다. 세상은 그렇게 생각할 수 있다. '그냥 집에 앉아서 주는 밥이나 먹지 뭐하려고 뛰기를 뛰나!?'

맞는 말이다.

그렇게 불편한 모습으로 활동하는 것은 쉽지 않기에, 집에 앉아서 주는 밥이나 먹는 것이 편안하다고 생각할 수 있다. 그러나 우리 인생길에서 정말 정상적인 사람(육신적인 면만 얘기하는 것이 아니다)은 과연 얼마나 될까? 하나도 없다. 그래서 사람이 무엇인가 고민하던 철학자는, 인간은 사회적 동물이라고 말하면서, 함께 도우면서 살수밖에 없는 존재라고 했는가보다.

이 세상에는 '이인삼각'뿐 아니라, '이인이각(二人二脚)'처럼 살아가는 경우도 있을 것이다. 그런 모습으로 달려야 한다면, 서로 호흡을 맞추고, 양보하는 것은 필수적이다. 자기중심으로 달리면 넘어질 수밖에 없다. 곁에서 함께 달리는 내 동료를 생각하고, 그의 장단에 맞추어줄 때, 넘어지지 않고 결승점까지 달릴 수 있다.

세상을 성공적으로 산다는 것은, 그렇게 연약한 사람들이 함께 모여서, 호흡을 맞추는 데서 시작되는 것이다. 거기서 '함께 함'이 무엇이며, '양보하는 것'이 무엇이며, '자기중심적인 마음을 포기하는 것은 어떤 것'인지를 배우고 가르칠 수 있다. 신앙인이 된다는 또 하나의 의미는, 바로 이것을 삶으로 가르치는 것이다. 신앙인이란 높은 곳에서 모두에게 빛을 비추어야 할 산 위에 있는 동네와 같기 때문이다. 이제 연말이다. 교회 안에 일꾼을 세우고, 함께 손을 붙잡고 기도할 때가 되었다. 그런데 모두 자기만의 방식으로 자기 자신만 편하게 달리는 것 같은 느낌이 든다. 우리 인생을 살아가는 「경기의 법칙」은 '이인삼각'이건만, 자꾸 그걸 어기겠다는 모습이 답답하게 느껴진다.

이제 다시 당신의 발에 내 발을 묶어보련다.

풀어지지 않게, 넘어지더라도 함께 넘어지는 동역자가 되고파서.

함께 경주하는 사람들

지난 3월 마지막 주일에는 모처럼 소리도 지르고 땀도 흘리면서 그야말로 스트레스를 해소하는 날이었다. 위니펙 교회 대항 탁구시합이 있었기 때문이다. 모두가 열심히 뛰어주고, 목소리를 높여 응원을 해준 덕에 우리 교회가 우승할 수 있었다. 게임을 하기 전에는 '참가하는데 의의가 있다'는 운동정신을 생각했고, 다른 지붕 밑에서 예배하는 주님의 자녀들이 한자리에 모인다는 것에 의의를 두는데 만족했다. 그래야 지더라도 떳떳할 수 있을 것이요, 또 그것이 올바른 것이었기 때문이다.

그런데 막상 시합을 시작하니 그게 아니었다. 강한 상대를 만나면 가슴이 두근거렸고, 우리 교회가 조금이라도 실수를 할까봐 마음 졸이면서 경기를 보았다. 상대방의 실수든, 우리 편의 실력이든 한 점이라도 올라갔다 싶으면, 정말 체면이고 뭐고 다 내던지고 소리를 질렀다. 이것은 나만의 마음은 아니었을 것이다. 거기 있는 모든 사람들이 그랬다. 겉으로는 체면을 차리는 사람도, 속으로는 펄펄 뛰면서 소리를 지르고 싶었을 것이다.

바로 이것이다.

그 날은 선수와 관중의 구분이 없었다. 물론 실제로는 선수가 있었고, 관중이 있었지만 선수도, 관중도 모두 교인이었다. 그리고 「우리 교회 이겨라!」라는 마음 또한 하나였다.

그렇다. 이것이 사람이 함께 살아가는 모습이다. 앞에서 달리는 사람이 있고, 뒤에서 응원하는 사람이 있지만, 그건 단지 역할의 차이일 뿐, 아무도 '구경꾼'으로 이 땅에 왔다가 구경 마치고 이 땅을 떠나는 사람은 없다. 교회도 마찬가지요, 여느 단체나 모임도 마찬가지다. 우리가 함께 살아가는 이 세상에는 이젠 구경만 하다가는 '구경꾼'은 없어야 한다. 경기의 승부 때문에 몸이 달아오르고, 자기도 모르게 소리를 질러대는 응원단도 되어야 하고 출전하는 선수도 되어야 한다. 그렇게 함께 경기하는 것이야 말로 우리 사회를 더욱 안정된 곳, 마음을 나눌 수 있는 곳, 그리고 그런 사람들을 키워가는 삶의 학교로 만드는 방법인 것이다.

오늘도 이를 위해서 함께 '우리 편 이겨라!'고 목이 터지도록 외치는 사람이고 싶다.

속사람의 매장정리

어제 구역예배를 마치고 모인 자리에서 캐나다 경제에 대한 얘기들을 했다. 월마트(Walmart)가 어떻고 캐나디언 타이어(Canadian Tire)가 어떻고 또 코스코(Costco)가 어떻고.. 하는 얘기였다. 그러면서 한 분이 「고객들이 이런 대형매장을 찾는 이유 가운데 하나는, 몇 년에 한번씩은 매장을 새롭게 단장하고 변화를 주기 때문이다.」 는 말을 했다. 상품을 판매하기 위해서 옛 모습만을 고집하지 않고, 새로운 상품을 개발하고, 매장을 새로 꾸며 늘 신선한 느낌을 고객에게 주려고 노력한다는 말이다. 또한 고객들의 관심에 귀를 기울이고 필요를 채워줄 때에만 살아남을 수 있다는 현대적인 경영전략에 대한 말이기도 하다.

이건 살아남기 위해서 자기 자신에게 변화를 주어야 한다는 말이기도 하다.

성경에 이런 말씀이 있다. '천하를 얻고도 제 목숨을 잃으면 무엇이 유익하리요'

사람들은 누구나 변화를 싫어한다. 그건 생각은 나이가 들어가면서 더 심해지는 것 같다. 자기 자신만의 높은 담을 쌓고, 그 안에서 누구에게도 방해받지 않는 삶을 살고 싶어 한다. 자기 혼자만의 성을 쌓고, 자기 왕국을 세우고 싶어 하는 모습에 대해 성경말씀에서는 '사람이 「독처(獨處)」 하는 것이 좋지 못하다'라고 나와 있다. 그런데 많은 이들은, '독처하는 것이 잘 살 수 있는 비결'이라고 주장한다. 누구에게도 간섭받지 않을 때 편안하게 살 수 있다고 생각하기 때문이다. 그래야 자신의 성을 지킬 수 있다는 본능에서 나타나는 모습이 아닌가 싶다. 그러나 그건 자신과 자신 주변 사람들의 영혼까지도 피폐시키는 결과를 낳는 것이다. 새로운 상품을 취급하고, 매장의 구조를 변경하는 대형매장과 달리 우리 마음의 구조를 바꾸지 않아 새로운 상품 - 자신의 생각에 반대하는 사람이나 자신의 마음을 상하게 하는 말을 수용하는 태도 -을 취급할 기회를 번번이 놓치고 마는 사람인 것이다.

이제는 우리 모두가 정기적으로 우리 마음의 매장을 새롭게 꾸밀 필요를 느낀다. 불필요한 고집, 아무도 거들떠보지 않는 자존심의 재고품을 들어낼 필요가 있다. 늘 우리를 새롭게 하시는 주님의 신선한 사랑의 향기로 매장을 새롭게 꾸밀 때가 되었다는 말이다. 아름다운 만남의 열매들이 맺히게 되길 기대한다.

바로 당신을 위해, 내 고집을 감추고 버리는 그 자리에...

사랑은 껍질 벗기기

엊그제 군밤과 귤을 까먹으면서 세상의 모든 과일이나 곡물은, 자신들의 속살 - 그건 생명이기도 하고, 그건 생명을 유지시켜주는 양분이기도 한데- 을 보호하기 위한 껍질을 가지고 있다는 것을 새삼 깨닫게 되었다. 어떤 껍질은 단단하고 또 어떤 것의 껍질은 부드럽지만, 공통적으로 가지고 있는 가장 기본적인 역할은, 그들의 속살을 보호하는 것이다. 그런데 이런 식물들이 그 껍질을 과감하게 벗어버릴 때가 있다. 바로 자신의 소중한 것을 이웃에게 나눌 때, 그리고 생명의 재생산을 위해 땅에 묻힐 때이다. 껍질을 벗지 않으면, 그것이 아무리 귀하고 값진 것이라도, 누구도 그 가치를 알 수 없다. 다시 말해, 껍질을 벗는다는 것은 '자신을 산산이 부수어 버리는 것'이기 때문에 껍질을 깨는 것이라고 할 수 있다.

사람도 자신을 보호하기 위한 많은 껍질들을 갖고 있다. 인생이란 수많은 껍질들을 만들어 가는 것일지도 모른다. 나 자신도 「명예라는 껍질, 권세라는 껍질, 물질이라는 껍질」을 덮어쓰지 못해 탄식할 때가 있다.

여기까지는 과일이나, 곡물이나, 씨앗이나, 사람과의 차이는 없다. 그런데 사람이 그 식물들보다 못한 부분이 있다. 그건, 생명을 나누고 생명을 위한 양분을 나누어야 할 때가 되어도 여전히 껍질 만들기를 계속한다는 점이다. 껍질을 만들지 않으면 불안하기 때문이다. 이건 베풀기를 거절하고, 양보하기를 싫어하고 내 것을 나누지 않겠다는 태도에서 시작된다. 벗어 던질 때 경험할 수 있는 사랑의 풍성함을 자꾸 제한하는 어리석은 모습이기도 하다. 그래서 예수께서는 말씀하셨다. "인자가 온 것은 섬김을 받으려 함이 아니라 도리어 섬기려 하고 자기 목숨을 많은 사람의 대속물로 주려함이니라..."

예수 생명은 껍질 벗기는데서 시작되고 풍성해지는 것이라는 말이다. 제자들과의 마지막 만찬상에서 떡을 떼신 것은 바로 자기를 부수었다는 뜻이다.

오늘 내가 살고 또 우리가 함께 살아가는 법이 여기 있다. 보시기에 좋았던 처음 세상의 질서를 만들어 가는 길이 여기 있다. 올해는 껍질 벗기를 했으면 좋겠다. 한가지만이라도 내 것을 포기하고 내 속의 소중한 것을 포기하는 사랑의 나눔을 시작했으면 좋겠다. 자꾸 보기 싫어지는 세상을 회복시키시려는 하나님의 뜻이 이루어지리라 믿는다.

오늘도 벗기 싫어하는 모습 때문에 마음이 답답해지는 것 같다.

이젠 나도 벗어 던져야겠다.

가장 든든한 보험회사

지난주간에 지하실에 있는 체육관 바닥에 물이 흥건하게 고여 있었다. 아침부터 교우 몇 분과 물을 퍼내고, 파이프 어디가 터졌는지 찾다가 결국에는 기술자를 불러 수리를 맡겼다. 망치로 벽과 천정을 뜯어내고 터진 부분을 찾아 수리를 한 후, 「교회당 보험」을 들어 두었던 보험회사에 연락을 했다. 보험회사 직원이 와서 보고는 약관에 따라 자신들은 파이프가 터진 것에 대해서는 책임이 없으니 물이 새서 건물에 피해가 있는 부분에 해당하는 수리비만을 지불하겠다고 하였다. 원인과 결과로 치면, 원인(Cause)은 자기들과는 상관없고, 그로 인해 나타난 결과(Effect), 벽을 뜯어낸 부분)에 대해서만 상관이 있다는 말이었다. 결국, 파이프가 터진 부분의 수리비는 교회에서 지불하였다. 이러한 보험회사의 방침에 아쉽고, 야속하기도 했지만, 회사방침에 따를 수밖에 없었다.

사람은 언제나 겉모습만을 보고 판단하기 쉽다. 부부간에도 그렇고, 친구사이에도 그렇다. 형제간에도 그렇고, 교우들 간에도 그렇다. 그 동기가 무엇인지, 왜 그렇게 말하고 행동할 수밖에 없었는지에 대해 알지도 못하지만, 알려고 노력하지도 않는다. 그래서 오해하고, 상처를 받고, 분노하고, 그래서 자꾸 넘지 못할 높은 담을 쌓아가기만 한다. 그런데 그건 십자가의 가로줄(-)이 없는 삶을 추구하는 모습이다. 담이 높아서 이웃에게 손을 뻗을 길을 막아버렸기 때문이다.

그런데 우리 하나님은 「현상(Effect)」을 치유하기 전에 먼저 그 「원인(Cause)」을 생각 하신다. 그래서 병자(마음의 병이든 육신의 병이든)를 치료할 때 '죄의 용서'와 혹은 '믿음의 문제'를 언급하곤 하셨던 것이다. 예수를 믿는다는 것은, 그분에게 「보험을 드는 것」이라고 할 수 있다. 문제의 원인, 아픔의 뿌리나 실패의 근본적인 동기가 무엇이었는지 우리는 알지도 못하지만, 안다고 해도 치료할 수 없기 때문이다.

이 일을 먼저 그분이 시작하셨다. 먼저 손을 내밀면서, 거저 보험에 가입할 수 있다고 하셨다. 그분에게 보험 청구할 때가 되었다. 모든 것을 다 아시는 그분께...

해보면 간단한 것을

일전에 여자 분들이 모여서 음식 만들기에 대해 서로 정보를 교환하는 애기를 들은 적이 있다. 설명을 듣는 분이 '너무 어렵고 복잡하다'고 했더니 설명하신 분이 '해보면 간단하다'고 대답했다. 해보면 간단하다는 말은 해본 사람만이 할 수 있는 말이다. 그런데 사람들은 해보지도 않고 지레 겁을 먹고 어려울 거라고 단정 지어 버린다. 그 밑바닥에는 그냥 「현실에 안주」하고 「도전」 해보려는 마음은 없다. 이것을 다른 말로, 자신의 것을 내어놓으려 하지 않는 개인주의 혹은 이기주의의 발로라고도 할 수 있다.

「현실 안주」나 「도전을 꺼리는 마음」은 1945년 광복 이후, 새로운 국가건설을 가로막는 장애물이었고, 오늘날도 우리 사회의 발전을 방해하는 가장 강력한 적으로 남아있다. 우리 신앙인들에게 있어서도 이러한 마음은 신앙의 부흥이나 교회의 성장을 저해하는 방해요인이 된다. 교회를 세우신 하나님의 뜻을 이루지 못하도록 하는 수렁과도 같다는 말이다. 왜냐하면 그건 '남을 위한 희생'의 값어치를 헐값으로 떠넘기기 때문이다.

주님을 만난다는 것도 이와 흡사하다. 주님 앞에 무릎 꿇고 기도하고, 찬양하는 것도 해보면 간단하다. 해보면 누구나 쉽게 그 맛을 즐기고, 경험을 나눌 수 있다. 그러나 해보지 않으면, 그건 늘 자신과는 상관없는 먼 나라의 얘기일 뿐이다. 그런데 사람들은 언제나 나 자신이 가장 소중하기 때문에 처음 주님과의 만남에 대해 심각하게 생각하지 않는다. 그렇지만 우리는 알아야 한다. 예수를 믿는 그 시간부터, 이미 우리는 「현실안주」라는 그늘에서 벗어나기 시작했다는 걸! 우리 자신을 위해서, 그리고 우리가 사랑하고 아끼는 사람들을 위해서 새로운 일에 도전해야 하는 자리에 섰다는 걸! 무

 그리스도를 닮고자 하는 작은생각

엇이나 해보면 간단하다. 사랑하는 것도, 용서하는 것도, 이를 위해 기도하는 것도, 그리고 우리 자신을 희생하는 것도... 이제 다시 시작할 것을 권하고 싶다.

건강한 육체, 건강한 마음

시장기가 있어서 시리얼(cereal)과 우유를 섞어서 먹었다. 먹는 내내 조금 쓸쓸한 맛이 나는 것 같았지만, '내 입맛이 써서 그러겠거니' 했다. 왜냐하면 한 주간 내내 지독한 몸살 탓에 무엇을 먹어도 제 맛을 알지 못했기 때문이다. 그런데 나중에 집사람에게 우유 냄새가 이상해서 맛을 보니 상한 것 같아 버렸다는 이야기를 들었다. 그제서야 내 입맛이 쓴 것이 아니라 우유가 상해서 쓸쓸하다는 걸 알게 되었다. 계속 괜찮았던 아랫배가 살살 아파오기 시작했다. 건강하지 못하면 이래저래 손해를 보는 것 같다.

건강이 소중하다는 말이다. 그래야 음식을 먹어도 그 맛을 즐길 수 있고, 상한 것을 분별할 수 있다. 건강하지 못하면 눈앞에 진수성찬도 소용이 없다. 그러나, 우리가 함께 살아가는데 있어서 정말 중요한 것은 마음의 건강이다. 마음이 건강하면 누구를 만나든지, 혹은 어떤 일을 겪든지, 밝게 웃으면서 그 사람을 상대할 수 있고, 주어진 일을 처리할 수 있다. 마음이 건강하면, 마음 상한 사람의 처지를 이해할 수 있고, 그를 동정할 수 있다. 그리고 편안한 마음으로 사랑의 손길을 펼 수 있다. 그러나 마음이 건강하지 못하면 어떤가? 남이 무심코 하는 한마디에도 '발끈'하게 된다. 나를 비난하지 않는데도 비난하는 것처럼 들리게 되며, 사랑으로 손을 내밀어도 '나를 때리지나 않을까?'하는 생각으로 경계하게 된다.

그러면서 내 마음도 상하고 내가 만나는 사람의 마음도 상하게 한다. 몸이 아프면 먹기 싫은 약도 시간을 정해서 꼭 먹는다. 그런데 마음의 건강을 위해서는 무엇 하나 제대로 챙기는 것 같지 않다. 그러면서 나도 약해지고, 내가 속한 믿음의 공동체도 병들어간다. 이젠 정신을 좀 차려야겠다. 입맛이 써서 먹을 것 못 먹을 것 가리지 못하는 사람이 되지 않도록...

아기를 품는 마음

캐나다에 온지 이제 10년이 넘었다. 간혹 아이들이 우리말과 영어를 사용할 때 헷갈려 하는걸 보면, 10년이란 세월이 꽤 오랜 시간이었음을 실감하곤 한다. 아이들이 간혹 혼동하는 것 중에 '쓴다(WEAR)'라는 단어가 있다. 우리말은 모자를 쓴다, 안경을 낀다, 옷을 입는다, 넥타이를 맨다, 벨트를 맨다, 양말을 신는다고 표현한다. 그런데 영어는 이 모든 것을 'WEAR'라는 단어 하나로 사용한다. 그래서 아이들은 가끔 '넥타이를 입는다'고 말하곤 한다. 나는 언어학자는 아니지만 외국어를 사용할 때마다 "우리말이 훨씬 낫다..."는 자부심이 있다. 비슷한 것을 다르게 표현할 수 있는 단어가 많다는 것은 그렇지 않은 것보다 훨씬 그 상황을 머리에 그려보기 쉽다는 이점이 있기 때문이다.

신자/불신자를 막론하고 사람이 산다는 것도 이와 같다. 사람의 삶이란 혼자만의 것은 아니다. 너와 나라는 관계를 통해서 그 삶이 삶으로 빚어질 수 있고, 평가 될 수 있다. 거기에는 사랑을 바탕으로 하는 구체적인 행위가 수반되어야 한다. 그렇지 않으면 사람은, 비록 마음으로는 사랑을 소중하게 여긴다고 하더라도, 자신의 마음과는 상관없는 과거의 습관을 좇을 수밖에 없다.

'한번 얘기 하면 다 알아서 하겠지' 그렇게 상대를 신뢰하는 것도 귀한 것이다. 그러나 우리 모두는 알아야 한다. '아직 우리 모두의 마음은 아기와 같다는 것을...' 그냥 '입어, WEAR' 하면, 모자도 입고, 안경도 입고, 넥타이, 양말, 신발도 전부 입는 줄로 아는 사람이 우리 주변에는 훨씬 많다는 것을... 그러므로 하나하나 조금씩 차이가 있다는 걸 가르쳐야 한다. 입고, 쓰고, 신고, 매는 것을 따로 가르쳐야 하고 또 배워야 한다는 말이다. 그래야 제대로 할 수 있다. 그렇게 하나하나를 얘기할 수 있는 것도 사랑이라고 생각한다. 그걸 사랑으로 느끼고 받아들이는 분위기를 만들 책임을 하나님은 우리에게 맡기셨다. 그 일을, 당신과 함께 하면서 더 아름다운 사랑의 언어들을 만들어가게 하신다.

음식에서 냄새가 나요

며칠 전에 가까운 지인(知人)과 함께 어느 일식당을 찾았다. 언젠가 그 식당에서 어떤 손님이 먹는 음식이 무척 먹음직스러웠던 것이 생각이 나서 그걸 주문했는데, 기대했던 것에 훨씬 미치지 못했다. 그래도 주신 음식을 남길 수는 없어서 꾸역꾸역(?) 집어넣었다. 그런데 동행했던 사람이 '음식에서 「돼지 냄새」가 난다'는 말을 했다. 그 소리를 듣는 순간, 그때까지 느끼지 못했던 「돼지 냄새」가 정말로 나기 시작했다. 집으로 돌아오는 길에 속이 메슥거리는 것이 체한 것 같았다. 그리고는 바로 '괜히 먹었나 보다!'는 생각이 들었다.

'냄새가 난다!'는 소리를 듣기 전에도 냄새는 났을 것이다. 그러나 배가 고팠기 때문이든지 혹은 조금 둔했기 때문이든지 그 냄새를 인지하지 못한 채 그런 대로 먹을 수는 있었다. 먹고 난 후에도 메슥거리는 기운이 없었을 수도 있었다는 말이다. 문제는, '냄새가 나는 것 같다...'는 소리를 들은 후부터는 제대로 먹기가 어려웠었다는 점이다.

문득 "우리가 살아간다는 것도 이것과 같겠구나" 하는 생각이 들었다. 사람은 누구나 힘들어지고, 낙심하고, 그러다 뒤로 물러서게 되는 경우가 있다. 그건 첫째로 나 자신에게 문제가 있기 때문이다. 어떤 소리를 듣든지, 그냥 대범하게 받아들이고 음식을 먹을 수 있어야 하는 것이다. 어떤 것이든 완벽한 것은 없다. 그러므로 살아 가다보면 좋은 애기, 칭찬하는 애기를 들을 때도 있고, 반대로 속을 뒤집는 애기, 비난하고 깎아 내리는 애기를 들을 때도 있다. 이런 소리 저런 애기에 흔들리다 보면, 제대로 설 수 사람은 아무도 없다. 둘째 문제는, '냄새가 난다'는 애기를 흘리는 사람에게 있다. 자신은 조금 민감해서, 혹은 입맛이 달라서 상대방은 인식하지 못하는 냄새를 느낄 수도 있을 것이다. 그러나 말하기를 조금 자제하거나, 혹은 생각을 바꾼다면, 상대방을 편안하게 해 줄 수 있을 것이다. 기왕이면 「좋은 소리, 듣기 좋은 소리, 사람을 세우는 말」을 하는 것은 하나님의 마음을 실천하는 것이요, 이 땅을 「보시기에 좋은 곳」으로 만드시려는 하나님의 손이 되는 모습이다. 오늘 그분 하나님의 「부르심」을 다시 생각하려 한다. 그리고 나 자신이 무슨 말을 어떻게 해야 할지도...

바로 나 자신을 위해서!

내가 살아가는 이 사회의 한 구석이나마 아름답게 만들기 위해서!

그리고 내가 만나는 모든 이들의 평안을 위해서!

작은 곳에서 하나님의 「창조」는 시작되기 때문이다.

나물 근성, 고사리 근성

엊그제 집사람이 위니펙에서 2시간 걸리는 곳까지 가서 고사리를 뜯어 왔다. 잡초를 골라내고 나서 저녁 내내 뜨거운 물을 붓고 데치고 하더니 오늘은 햇볕에 말리려고 뒷마당에 내어 놓았다. 아내를 돕다보니, 간간이 풀(잡초)이 섞여 있는 것이 보여 골라내었다. 그전에는 별로 구별이 되지 않았었는데, 뜨거운 물로 데치고 난 후에는 고사리와 잡초를 골라내기가 훨씬 편했다. 왜냐하면 고사리는 숨이 죽었지만, 잡초는 그냥 뻣뻣한 채로 있었기 때문이다. 굵기도 고사리가 훨씬 굵었고, 길이도 길었다. 잡초의 줄기는 고사리의 1/10도 되지 않을 정도로 가늘었고 키도 크지 않았지만 여전히 살아 있다는 듯이 고개를 쳐들고 있었다.

"그래서 먹을 것과 먹지 못할 것을 구별할 수 있는가 보다..." 하는 생각이 들었다. 우리 인생도 이와 같은 게 아닐까? 새로운 환경을 접하거나, 혹은 사람들을 만날 때 자기 생각만을 주장하는 사람들이 있다. 자기 고집을 꺾지 않고 고개를 쳐드는 사람이 있다. 나 자신도 그럴 때가 있다. 아이들 앞에서, 혹은 나보다 주장이 약한 사람 앞에서 내 것만을 생각하며 결코 고개를 숙이지 않을 때가 있다는 말이다.

사람이 사람 속에 어울려 함께 사는 것이 아름답다고 하는 것은 자기 머리를 숙이고, 자기주장을 접어두는 데서 나타날 수 있는 게 아닐까 하는 생각이 든다. 고사리가 뜨거운 물에 잠겨서 숨을 죽이고 머리를 숙였다고 해서 고사리 되기를 포기하는 것은 아니다. 그 냄새가 덜해지는 것도 아니고, 맛이 없어지는 것도 아니다. 숨이 죽었지만, 여전히 고사리임에는 틀림없다. 오히려 그 맛은 더해질 것이요. 요리하기에 더 좋은 모습이 될 것이다. 다른 양념과 함께 버무려져서 먹기 좋은 모습으로 식탁에 올려지는 것이다.

우리 사회가 원하고 필요로 하는 원만한 인격자가 된다는 것은 무엇인가? 그건 우리 속에 있는 잡초근성을 죽이고 나물 근성으로 변하는데서 시작될 것이다. 먼저 자기를 낮추는 사람, 이웃을 기쁘게 하는 사람이 되기 위해 오늘도 다시 나 자신을 돌아본다.

몬트리올

한인교회 모임이 있어 몬트리올을 방문하여, 몇 군데 구경을 했다. 그곳 모임에서 만난 사람들이 "이곳 몬트리올의 인상이 어떻습니까?"라고 물어, '겉만 봐서 잘 알 수는 없지만, 뭔가 사람 사는 냄새가 나는 것 같다...'고 대답했다. 「사람 사는 냄새」에 대해 저마다 다르게 생각하고 해석하겠지만,

나에게 있어서 「사람 사는 냄새」란, 고향의 냄새와 같은 것이다. 조금은 소란스럽고, 조금은 왁자지껄하고, 남대문 시장처럼 복잡해서 간혹 어깨를 부딪쳐서 당황할 때도 있지만, 그것이 싫지 않은 분위기가 몬트리올에는 있었다는 말이다. 어떤 분이 「누군가의 발을 밟았을 때」 나타나는 모습에 따라 사람의 관계를 세 가지로 규정하여 놓았다고 한다.

　1) '미안하다'고 사과해야만 하는 사이 - 이건 낯선 타인끼리의 관계요,

　2) 그냥 웃어만 줘도 되는 사이 - 이건 형제나 친구의 관계요,

　3) 아무런 말이 없어도 흉이 되지 않는 사이 - 이건 부모와 자식의 관계라는 것이다.

　가정이나 고향이 소중한 것은, 거기에는 2)와 3)이 있기 때문일 게다. 사람들이 학교를 졸업하고 사회생활을 할 때 학연(學緣)이나 지연(地緣)과 같은 인연을 찾고 따지는 이유도 2)와 3)의 편안함이 있기 때문일 것이다. 마음에 감추어두었던 서러운 사연들을 봇물처럼 쏟아놓고 쉼을 누릴 수 있는 곳도 마찬가지다. 그래서 힘들고 어려울 때마다 고향이 그립고, 가족이 보고픈 모양이다.

　1)의 관계는 자로 잰 듯해야 편안한 관계이다. 양쪽이 다 손해 보지 않도록 법으로 조정되는 관계이다. 그건 잘잘못을 규명하면서 책임의 전가를 꾀했던 인간 최초의 범죄현장에 있던 관계이기도 하다. 그 자리에서 첫 사람은 아내에게 책임을 전가함으로 자신은 벗어나려고 했고, 그 아내도 역시 마찬가지였다.

　사람들이 그래도 괜찮게 평가하는 것은 2)번의 관계까지이다. 그래서 예수님의 제자 베드로는 '네가 나를 무조건적으로 사랑하느냐?'는 주님의 질문 앞에 '내가 주님을 친구로서 사랑한다...'고 고백했던 것이다. 그런데 주님은

3)의 사랑을 우리에게 주셨다. 고향의 냄새를 풍기시면서, 어머니의 가슴으로 우리를 품으시면서 '수고하고 무거운 짐 진 자들아 다 내게로 오라. 내가 너희를 쉬게 하리라.' 말씀하셨다.

캐나다에 거주한지 10년이 넘었다. 남들은 점점 자신들이 사는 곳에 정이 들어간다고 하는데, 나는 점점 더 고향이 그립기만 하다. 아니 고향같이 나를 품어주는 사람들이 그립다는 말이 훨씬 적절한 표현일 게다. 바로 사람이신 예수 그분이 그렇다. '그곳에서 쉼을 얻고, 회복될 수 있다.' 말씀하신 예수님 앞에 서서, 다시 고향의 맛을 느끼고 싶다.

내 탓에 쓰레기장이

오랜만에 잔디를 깎았다. 트리머(울타리주변의 잔디를 정리하는 기구)까지 동원해서 뒷마당의 잔디도 손을 보고 울타리 주변도 정리했다. 그런데 울타리 밖으로 나가니 콜라병, 깡통, 빈 상자, 휴지, 종이컵 등이 어지럽게 널려 있었다. 우리 쓰레기 놓아두는 곳에도 내가 버리지 않은 장난감 상자가 비에 젖은 채로 놓여있었다. 남의 터에 쓰레기를 버리는 사람들의 심보를 생각하니 화가 나기 시작했다. 그때 우리 집 울타리 밖으로 잡초가 우거져 매우 지저분한 것을 발견했다. 이걸 보고나니, '나 같아도 여기에 쓰레기를 버리겠다'는 생각이 들었다. 물론 남의 울타리에 쓰레기를 버리는 마음은 옳지 못한 것이다. 그러나 그것을 비난하기에 앞서, 울타리 주변이 청결했다면, 쓰레기를 버리지는 않을 것이다. 결국 나 자신에게 원인이 있었다는 얘기다.

오래된 하수도에 이끼가 끼고 잡초가 자라고 여기저기 찌꺼기가 들러붙는 것은 흔히 있는 일이다. 그러나 처음부터 그렇게 되는 것은 아니다. 처음에는 물을 내리면 거침없이 흘러 내려간다. 그러다가 시간이 지나면서 작은 침전물이 생기고, 그것 위에 또 다른 침전물이, 그것 위에 음식 찌꺼기가, 그러면서 하수도가 막히고 냄새가 나게 된다. 결국 하수도를 자주 청소하지 않는데서 문제가 생기고 냄새가 나는 것이다.

우리 사회의 문제는 '나'를 돌아보기 보다는 '버리는 남'을 비난하는데서 시작되는 때가 많다. 우리는 모두 언제나 고결하고 싶고, 존경받고 싶고, 우아하게 살고 싶어 한다. 그런데 자꾸 감정의 쓰레기(혹은 원망의...)가 쌓이니 속이 상하고 마음이 답답해진다. 나는 언제나 우아한 사람이라고 생각하고 있기 때문에 내게 문제가 있다는 걸 받아들이기가 쉽지 않다. 그래서 누군가 나를 대신할 「희생 양」을 찾아 나서는 것이 우리 인생이다.

예수님의 마음은, 자신이 희생양이 되셨다는 데서 배울 수 있다. 그분이 먼저 그렇게 사셨기 때문이다. 예수를 믿으면서도 자꾸 믿지 않는 쪽으로 치닫는 나의 모습, 우리의 모습을 보면서, 내 마음의 잡초들을 깎아야 할 생각을 한다. 며칠 째, 울타리 주변에 쓰레기가 보이지 않는다. 아마도, 쓰레기를 정리한 효과가 나타나는 게 아닐까?

'여보'라는 말

나는 결혼한 날부터 집사람을 '여보'라고 부르기 시작했다. 처음엔 몹시 어색했지만 그렇게 불렀던 이유는 처음에 시작하지 않으면 평생 할 수 없다던 어머니의 말씀 때문이었다. 덕분에 '여보'라는 말은 집사람과 나 사이에 아주 자연스런 호칭이 되었다. 「여보」라는 말은 남편이 아내를 부르고 아내가 남편을 부를 때만 사용하는 말인 것이다.

그런데 가끔 집사람이 내게 '여보'라고 부르는 대신에 '요한이 아빠'라고 부를 때가 있다. 그건 뭔가 마음이 불편하다는 신호다. '너와 나' 사이에 '아들이라는 제 삼자'를 개입시켜서 조금 거리를 두고 싶다는 것이다. 나를 직접 만나고 싶지 않다는 뜻을 포함하기도 한다. 그때 아들은 나와 집사람 사이에 다리가 되어준다. 그래서 사람들은, 조금 과장해서 표현하면 '당신은 보고 싶지 않지만 아이들이 있어서 산다'는 말을 하는 모양이다. 그래서 아이들은 「하나님의 선물」이란 생각이 든다. 아이들이 부부 사이에 윤활유 역할을 해 주기 때문이다.

하나님과 우리 사이에도 '요한이 아빠' 노릇을 해주는 분이 있다. 하나님을 찾고는 싶은데, 뒤가 구려서 감히 찾지 못할 때, 그분을 통해서 하나님을 찾을 수 있다. 하나님의 이름을 부르지 못할 때, 그분의 이름을 통해 하나님을 찾을 수 있고, 하나님께 손을 내밀 수 있다. 또 하나님은 그분을 통해서 하나님의 자신의 마음을 가르치기도 한다. 그분의 이름은 예수이시다. 우리가 예수를 좇는다는 것은 '작은 예수'가 되겠다는 것이다. 세상의 많은 사람의 중간에 서서 다리가 되겠다는 다짐이기도 하다. 우리가 그분 예수를 통해서 하나님을 찾을 수 있는 것처럼, 우리도 우리 주변 사람들에게 주님의 사랑을 전하는 징검다리가 되겠다는 고백이기도 하다.

「징검다리」

오늘, 우리 사회는 여전히 어지럽기만 하다.

자신만을 생각하는 세상 풍조로 인해, 교회도, 학교도 다 비틀거리고 있다.

이런 때 정말 '너와 나' 사이를 이어줄 「징검다리 – 요한이 아빠」의 역할

이 아쉽기만 하다. 주님처럼, 그 일을 맡아서 해 줄 사람들이 아쉽다는 말이

다. 바로 그 아쉬움을 채워주는 사람들을 만나, 그들과 더불어 그런 사람이

되고 싶다.

율법에서 보여주는 하나님의 사랑

위니펙의 여러 곳에 교통 감시 카메라가 설치되었다. 처음에는 십여 군데

설치되었었는데, 이젠 훨씬 더 많은 카메라가 설치되어, 운전자들의 경각심

을 일깨워준다. 우리 교회가 있는 부근에도 카메라가 있다는 표시가 있어서,

볼 때마다 속도계를 확인하게 되고, 파란 불에서도 속도를 높이지 않는다.

한편에서는 불편한 것 같지만, 다른 한편으로 생각하면 미리 카메라가 있다

는 경고 표시가 있기 때문에 주의할 수 있어서 좋다.

오늘 문득, 시 당국에서 카메라와 함께, 카메라 설치 표시를 해 놓은 이유

가 무엇인가를 생각해 보았다. 만일, 교통법규를 어긴 자를 적발해서 시당국

의 수입을 올리는 것이 목적이라면, 카메라가 설치되어 있다는 표시를 해

놓지는 않았을 것이다. 은폐된 곳에 설치해야만 보다 많은 범법자를 적발할

수 있고, 시당국의 수입도 올라가기 때문이다. 즉, 카메라와 함께, 카메라가 있다는 표시를 해 놓는 이유는, 교통위반을 사전에 방지하는데 목적이 있는 것이다. 범법자 적발이 목적이 아니라, 교통사고 예방을 목적으로 카메라를 설치해 놓았다는 말이다.

하나님께서 사람에게 율법을 주신 목적도 이와 동일하다. 인간을 범죄자로 만들려는 것이 율법의 목적은 아니다. 사람이 율법의 멍에를 메고 힘겹게 살게 하는 것도 목적은 아니다. 오히려, 보행자나, 혹은 곁에서 함께 운전하는 차량을 고려하기보다는, 자기 자신만 과속으로 질주하면서 자신의 속도를 자랑하고 싶어 하는 것을 경계하는 것이 그 목적이다. 순간적인 속도감을 즐기기 위해서, 함께 살아가는 이웃이 있다는 사실을 망각하는 어리석은 인생의 속도를 늦추시려는 것이다. 남을 생각하지 않는 것 - 그건 짐승처럼 사는 것과 같다. 왜냐하면 성경은, '사람이 독처하는 것'을 가리켜서 「좋지 못하다...」는 진단서를 발부하기 때문이다. "사람이 독처하지 않고 함께 산다는 것"은 하나님의 마음을 이해하는 것이라 하겠다.

우리 개개인의 삶 가운데 「당신」의 존재를 인정한다는 것은, 우리 본래의 모습, 우리 안에 있는 하나님의 모습을 지켜나가는 것이기도 하다. 그래서 하나님은 율법을 주신 것이다. 이전에는 성경의 수많은 율법의 조항들을 까다로운 사감선생이나, 듣고 싶지 않은 잔소리처럼 생각해 가까이 하기 어려운 것으로 여겼었다. 그런데 교통 감시 카메라를 보면서, 그게 아니라는 걸 알게 되었다. 오히려 율법을 통해 자신의 사랑하는 마음을 전하고 싶어 하는 하나님을 보게 되었다.

오늘, 사람들의 잔소리에서도 그런 사랑을 찾아볼 수 있다.

오늘, 사람들의 비판과 비난 가운데서도 그런 마음을 만날 수 있다.

 그리스도를 닮고자 하는 작은생각

그리고 내가 하는 잔소리에도, 그런 사랑을 담아 나누고 싶다.

대화 - 마음의 나눔

대화(對話)라는 말의 뜻은 '적어도 두 사람 이상이 서로의 의견과 생각을 나누는 것'이다. 부부간에, 부모와 자식간에, 형제간에, 교우들 사이에 대화는 대단히 중요하다. 여러 사람의 마음을 하나로 묶는데 꼭 필요한 수단이기 때문이다. 우리 사회가 하나 되지 못하고 삐걱거리는 이유를 대화의 부재에서 찾을 수 있다.

일반적으로 대화는, 내 얘기를 하는 데서 시작된다고 생각한다. 그러나 대화의 이면(裏面)을 살펴보면, 내 얘기를 하기보다는, 상대방의 얘기를 듣는데서, 진정한 대화가 시작됨을 알 수 있다. 이것은 상대편에 대한 선입관, 예를 들면, 어리다, 말이 많다, 통하지 않는다 등의 편견을 버리는데서 시작된다는 말이다. 그때야 비로소 상대방의 마음을 있는 그대로 읽을 수 있기 때문이다. 여기서 가장 중요한 것은, 상대방의 생각을 바꿔, 내게 맞추려는 생각을 버려야 한다는 점이다. 대화의 목적은 마음과 마음을 나누는데 있기 때문이다. 사람은, 대화를 통해서만 혼자가 아니라는 걸 알 수 있다. 타인의 생각을 듣고 읽을 때에 비로소 자기 밖의 세상/혹은 사람들의 소중함을 배울 수 있기 때문이다. 이것은, 대화를 할 줄 아는 사람만이 이웃을 아끼고 세상을 사랑할 수 있다는 말이기도 하다.

아이들을 키우면서 자주 실패하는 부분은, 자꾸 아이들을 설득시키려 한다는 점이다. 내가 만들어놓은 울타리 안에 끌어들여서 내가 원하는 모습으로 만들어 가겠다는 태도가 그것이다. 그러나 그것이 아무리 옳은 길이라고 해도, 설득하겠다는 태도로는 실패하기 십상이다. 그런 태도는 하나님의 넓은 사랑을 율법이라는 작은 틀에 맞추어 이해하려는 것과 다를 바 없다. 우리의 작은 가슴으로는 그 크신 하나님의 사랑을 헤아릴 수도 없고, 포용할 수도 없다. 그냥 느끼고 받아들일 뿐이다.

이걸 가르치기 위해서 하나님은 사랑과 섬김으로 우리와의 만남을 시작하셨다.

그래서 하나님은 사람 앞에 낮은 자로 오신 것이다.

이젠, 내 아이들에게도 그런 자세를 가지고 마음을 전하려고 한다. 아이들의 얘기를 듣는 일부터 시작해 보려 한다. 자꾸 내 말이 앞서나가 아이들의 얘기를 끊어버리는 일들을 삼가고 내 얘기 보다는 그들의 얘기를 더 많이 들어주는 것도 한 방법일 것이다. 그게 주님 걸어가신 길을 걸어가는 신자의 모습임을 안다. 그리고 거기에서 주님의 사랑을 배우고 나눌 수 있다고 믿는다.

김치에서 구린내가 난다

하루는 아들 친구들이 와서 잠을 자고 갔다. 함께 잔다는 것이 뭐 그리 좋은지, 저녁 늦게까지 소곤거리는 소리가 끊이지 않았다. 그런데 지하실의 냉장고를 열어 보고는, '냉장고에서 방귀냄새가 난다'라는 말을 했다. 냉장고에는 마침 「먹기 좋게 잘 익은 김치」가 익어가는 「김치 특유의 냄새」를 풍기고 있었기 때문이다. 그런데 그 '좋은 냄새'를, 아이들은 '방귀 냄새'라고 표현했다.

치즈는, 서양 사람들이 즐겨 먹는 발효식품 가운데 하나다. 어떤 치즈는 맛이 있지만, 가끔 어떤 치즈는 '구린내 같은 냄새'를 풍겨 먹기가 거북하다. 그런데 서양 사람들은, 냄새나는 치즈를 매우 좋아한다.

한국 사람이 즐기는 김치냄새를 맡으면 서양 사람은 얼굴을 찌푸리고, 반대로 서양 사람들이 잘 먹는 치즈 냄새를 동양 사람은 싫어한다. 왜 이런 차이가 생가는 것일까? 그것은 바로 늘 곁에 두고 가까이 하던 우리(혹은 그들) 자신의 냄새이기 때문이다. 무엇인가에 익숙해진다는 것은, 그것과 가까이할 수 있고, 그것과 한편이 될 수 있고, 그것과 뜻을 같이 하면서 함께 살 수 있다는 뜻이기 때문이다. 그래서 선교사들이 선교 현장에 갔을 때에, 그들과 한편이라는 것을 보여주기 위해서 원주민의 음식을 받아들이는 모양이다.

우리 인간관계도 이와 같다. 부부가 오래 살고, 교우들의 사귐이 깊어지면 서로에게 편안해지고, 없으면 아쉬워진다. 하나님과의 관계도 그렇다. 말씀을 자주 듣다보면, 말씀에 익숙해지고, 말씀 없이는 살 수 없고, 말씀을 듣지 않으면 허전해진다. 문제는, 익숙해지기까지는 시간이 오래 걸린다는 것이다. 여기에는 「기다림」이 필요하다. 그렇게 익숙해지고, 편안해지기 위해서, 오래 참는 사람이 되고 싶다. 그렇게 성령의 열매를 맺어가면서 하나님의 문화에 익숙해지고, 그 문화를 즐기면서 그분의 뜻에 순종하는 사람이고 싶다. 그러면서, 그분이 기뻐하시는 냄새를 나도 풍기고 싶다.